Wegweiser

Unité 1	Dein *Carnet d'activités* folgt genau der Reihenfolge deines Französischbuches. Du findest hier Aufgaben passend zu jeder *Unité* und jedem *Module*.
🔊	Hier kannst du eine Audiodatei anhören. Der Code auf der ersten Seite bringt dich direkt ins Internet: Dort kannst du die Audiodatei direkt anklicken und anhören oder auch herunterladen. Hör dir die Audios möglichst oft an, denn damit schulst du dein Hörverstehen und auch deine Aussprache!
► p. 42	Dieses Symbol verweist dich auf Texte in deinem Französischbuch, hier z. B. Seite 42.
► Méthodes, p. 152/13	Auch dieser Pfeil verweist auf dein Französischbuch, hier z. B. auf die Methodenseite 152/13.
☆	Aufgaben, die mit einem leeren Stern gekennzeichnet sind, sind etwas einfacher.
★	Aufgaben mit einem ausgefüllten Stern bieten dir Herausforderungen.
	Hier arbeitet ihr zu zweit.
	Schätze deine Leistung mit Hilfe dieser Ampel nach jeder Übung selbst ein. ☒ Das Lösen der Aufgabe fiel mir schwer. ☒ Ich war mir nicht ganz sicher. ☒ Diese Aufgabe ist mir leichtgefallen.
Atelier d'écriture	Auf die Stifte – fertig – los! Trainiere in jeder *Unité* intensiv deine Schreibfertigkeit.
Fais le point	TESTE DICH! Im Anschluss an jede *Unité* findest du eine Doppelseite mit Checkaufgaben, anhand derer du deinen Lernstand überprüfen kannst. In der jeweils letzten Aufgabe (C-Test: Cocktail) zeigst du, wie gut du die französische Sprache beherrschst. Bei jedem zweiten Wort fehlt die Hälfte der Buchstaben (und bei ungerader Anzahl ein Buchstabe mehr). Ergänze sie. Die Lösungen stehen online und zum Download bereit (Code Seite 1), damit du selbst überprüfen kannst, ob du das Gelernte wirklich beherrschst. Du kannst die Checkaufgaben auch interaktiv und online machen: Gehe dazu ins Internet (Code Seite 1). Dann klicke *Fais le point* an und löse die Aufgaben. Du kannst ein leichtes oder ein schweres Niveau wählen. Im Anschluss erfährst du automatisch deinen Lernstand. Hattest du Schwierigkeiten? Dann klicke auf die interaktiven Förderübungen passend zum *Fais le point* der jeweiligen *Unité* und übe noch einmal ganz gezielt.
MK	Übrigens: Wenn du das ***Carnet d'activités* mit interaktiven Übungen** erworben hast, findest du online außerdem viele weitere interaktive Übungen auf zwei Niveaustufen mit Lernstandsanzeige, vielen Audios und Lerntipps! Viel Spaß!

Le quiz de *À plus !*

Mit diesem Quiz lernst du dein Französischbuch kennen. Blättere darin, um die Antworten auf alle Fragen zu finden. Du kannst zusammen mit einem Partner / einer Partnerin arbeiten.

1 Wie viele *Unités* (Lerneinheiten) gibt es?

____

2 Aus welchen Teilen besteht eine *Unité*? Schaue auf den gelben Balken am oberen Seitenrand.

____

____

____

____

3 Wie heißen die fünf französischen Jugendlichen, die dich durch das Buch begleiten?

- ☐ Philippe
- ☐ Gabin
- ☐ Lou
- ☐ Jeanne
- ☐ Lila
- ☐ Noé
- ☐ Idriss
- ☐ Mano
- ☐ Lili-Rose

4 Zu *À plus !* gehören auch Videos und Audios, die du online aufrufen kannst. Schaue dir das Video von Seite 22 an.

a Wie heißt die Szene?

____

b Wo ist Noé? Kreuze an, was richtig ist.

- ☐ Er ist mit einem Freund im Park.
- ☐ Er ist mit seinem Vater zu Hause.
- ☐ Er ist allein auf dem Schulhof.

5 Du möchtest herausfinden, wie du am besten Vokabeln lernst und übst. Wo werden dir verschiedene Möglichkeiten dafür vorgestellt?

____

____

11 Wo schlägst du nach, um das Verb „être" zu lernen? Es gibt drei Möglichkeiten.

- ______________________________
- ______________________________
- ______________________________

12 Was heißt „die Pause" auf Französisch?

____

Info gefunden auf Seite: ____________

13 Wo findest du Wörter und Redewendungen, mit denen du deinen Wohnort beschreiben kannst? Nenne zwei Stellen.

- ______________________________
- ______________________________

Carnet d'activités

Interaktive Übungen
mit Differenzierungen
auf zwei Niveaus

Deine **Audios**, die **Lösungen** zu den Fais-le-point-Seiten und die **interaktiven Förderübungen** sowie ca. **70 weitere interaktive Übungen pro Unité** findest du auf scook.de
Gib dort den untenstehenden Zugangscode in die Box ein.

Dein Zugangscode auf
www.scook.de

Die Nutzungsdauer für die Online-Übungen beträgt nach Aktivierung des Zugangscodes zwei Jahre. In dieser Zeit speichern wir deine Lernstandsdaten für dich; nach Ablauf der Nutzungsdauer werden sie gelöscht.

fcpun-twqvr

Carnet d'activités

Im Auftrag des Verlages erarbeitet von
Dorothea Bachert, Catherine Jorißen und Catherine Mann-Grabowski

und der Redaktion Französisch
Julia Goltz (Projektleitung), Yvonne Hildebrandt und Marie-France Lavielle;
Rechteklärungen: Nicole S. Abt und Tina Becker

Illustrationen: Laëtitia Aynié (Einleger), Hélène Badault (Lecture), Christian Badel und Laurent Lalo
Umschlaggestaltung: Rosendahl, Berlin
Layout und technische Umsetzung: graphitecture book & edition

Begleitmaterialien zu À plus! 1

Schülerbuch als E-Book	978-3-06-122293-2
Grammatikheft	978-3-06-122305-2
Wortschatztrainer	978-3-06-122207-6
Vokabeltaschenbuch	978-3-06-122306-9
Klassenarbeitstrainer	978-3-06-122309-0
101 Grammatikübungen	978-3-06-122308-3
Vokabel-App	978-3-06-122319-9

www.cornelsen.de

Für die Nutzung des kostenlosen Internetangebots zum Buch gelten die allgemeinen Geschäftsbedingungen (AGB) des Internetportals *www.cornelsen.de*, die jederzeit unter dem entsprechenden Eintrag abgerufen werden können.

Die Mediencodes enthalten zusätzliche Unterrichtsmaterialien, die der Verlag in eigener Verantwortung zur Verfügung stellt.

Soweit in diesem Lehrwerk Personen fotografisch abgebildet sind und ihnen von der Redaktion fiktive Namen, Berufe, Dialoge und Ähnliches zugeordnet oder diese Personen in bestimmte Kontexte gesetzt werden, dienen diese Zuordnungen und Darstellungen ausschließlich der Veranschaulichung und dem besseren Verständnis des Inhalts.

Alle Drucke dieser Auflage sind inhaltlich unverändert und können im Unterricht nebeneinander verwendet werden.

Druck und Bindung: Livonia Print, Riga

1. Auflage, 3. Druck 2021
Carnet d'activités mit Audios online

ISBN 978-3-06-122296-3

1. Auflage, 3. Druck 2021
Carnet d'activités mit Audios und interaktiven Übungen online
ISBN 978-3-06-122297-0

1. Auflage, 2. Druck 2021
Lehrerfassung mit Audio-CD

ISBN 978-3-06-122299-4

PEFC zertifiziert
Dieses Produkt stammt aus nachhaltig bewirtschafteten Wäldern und kontrollierten Quellen.
www.pefc.de

10

Lies den Eintrag zu „der Tanz, das Tanzen“, auf Seite 181. Worauf wirst du aufmerksam gemacht?

___

___

___

___

9

Was heißt „souvent“ auf Deutsch?

___

Info gefunden auf Seite: ___

8

Bei manchen Aufgaben findest du diese Art von Ergänzung: B ► p. 138. Was sollst du machen?

☐ Wenn du mit der Aufgabe fertig bist, löst du eine Zusatzaufgabe auf S. 138.

☐ Du löst die Aufgabe mit einer Partnerin / einem Partner. Eine/r von euch schlägt die S. 138 auf.

6

Du hast eine Arbeitsanweisung nicht verstanden. Du schlägst auf Seite ___ nach.

7

Schlage Seite 176 auf. Was bedeuten diese Abkürzungen/Symbole?

qn ___

qc ___

! ___

◉ ___

___

16

Schreibe noch drei weitere Fragen für deinen Partner / deine Partnerin auf. Notiere auch die Lösungen für dich in deinem Heft.

- ___
- ___
- ___

14

Was findest du auf Seite 162?

___

___

___

15

Finde auf der Frankreichkarte in deinem Buch drei Flüsse, die durch Frankreich fließen.

- ___
- ___
- ___

Unité 1

Vocabulaire : La ville

1 a Retrouve les mots et écris-les. | Hier ist etwas durcheinandergeraten. Finde die Wörter heraus und schreibe sie auf.

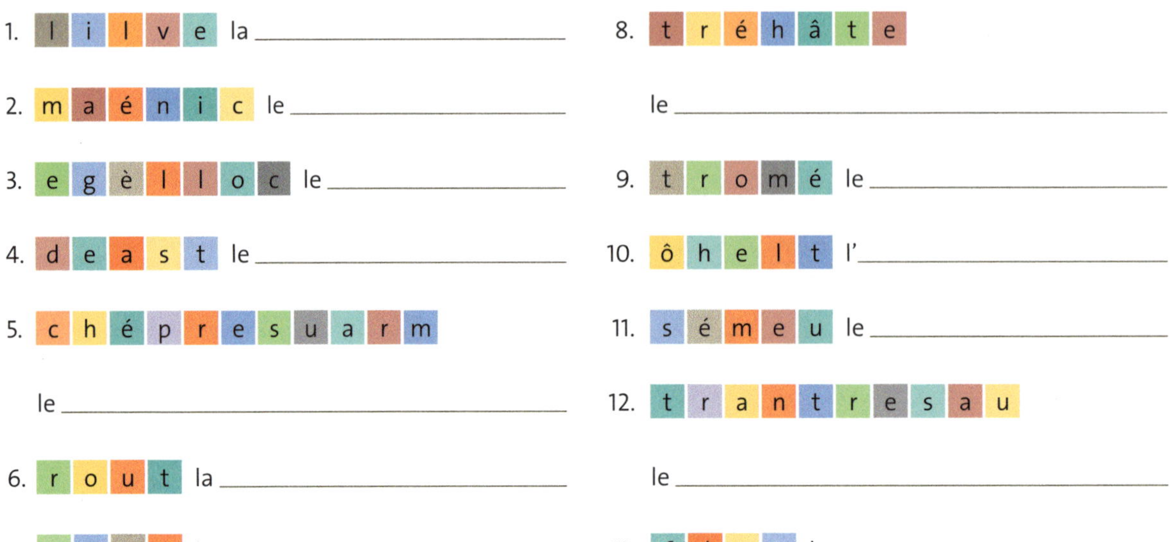

1. l i l v e la ______
2. m a é n i c le ______
3. e g è l l o c le ______
4. d e a s t le ______
5. c h é p r e s u a r m le ______
6. r o u t la ______
7. c r a p le ______
8. t r é h â t e le ______
9. t r o m é le ______
10. ô h e l t l'______
11. s é m e u le ______
12. t r a n t r e s a u le ______
13. f é c a le ______

b La ville. Écris les numéros au bon endroit. | Schreibe die Nummern an die richtige Stelle. ► Liste des mots, p. 171

2 a Pose les questions. | Du bist in Frankreich mit deiner Familie. Frage 1. eine Dame nach der Post; 2. einen Herrn nach der Apotheke. Schreibe in dein Heft. ► Livre, S. 19/4b

la poste

la pharmacie

b Schau dir die Fotos von a an. Was ist anders als in Deutschland? Antworte auf Deutsch in deinem Heft.

Lire et comprendre

▸ p. 20

1 **Qui est qui ? | Zeichne ein Schema, das verdeutlicht, wie die Personen aus dem Text, S. 20, zueinanderstehen. Arbeite mit Pfeilen/Strichen, die du beschriftest. Du kannst auch, wenn nötig, einzelne Wörter auf Deutsch schreiben.** ► Méthodes, p. 155–156/21

Gabin | Idriss | Jeanne | Lili-Rose | Noé | Côtelette | Madame Ménard

Écouter et prononcer

2 a **Écoute et répète. | Hör zu und sprich nach.** ► Méthodes, p. 152/13

b **Écoute et note. | Hör zu und schreibe den Dialog auf, den du hörst.**

Écouter et comprendre

3 **Écoute et note. | Hör zu und schreibe auf, ob es sich um eine Frage [?] oder um eine Aussage [.] handelt .**
► Grammaire, p. 32/1

1. [?] 2. [ ] 3. [ ] 4. [ ] 5. [ ] 6. [ ] 7. [ ] 8. [ ]

S'entraîner

4 **C'est qui ? Complète le dialogue par *c'est* ou *ce sont*. | Noé stellt Lili-Rose viele Fragen. Vervollständige den Dialog mit *c'est* oder *ce sont*.** ► Grammaire. p. 32/2

Noé : Le chien de madame Ménard, ______________ Steak ?

Lili-Rose : Mais non ! ______________ Côtelette ! Il s'appelle Cô-te-lette !

Noé : Ah, d'accord ! Jeanne, ______________ qui ?

Lili-Rose : ______________ mon amie et ______________ l'amie de Gabin.

Noé : Idriss et Jeanne, ______________ les amis de Gabin…

Lili-Rose : Oui !

Noé : Et Nico et Ayoub, ______________ les amis de Gabin et Idriss ?

Lili-Rose : Je ne sais pas.

☆ **5 a Tom est avec son ami. Complète le dialogue par l'article défini *le, la, l'*. | Vervollständige den Dialog mit dem bestimmten Artikel.** ▶ Grammaire, p. 32/2.1

– La ________ fille avec ________ chien, c'est qui ?

– C'est Animata, ________ amie de Dalia.

– Et ________ garçon avec ________ chat, c'est qui ?

– C'est Aaron, ________ ami de Dalia.

– Et Mimi, c'est qui ?

– Mimi ? C'est ________ tortue de Dalia.

– Ah d'accord !

★ **b Mets tous les noms de a au pluriel et écris le dialogue. | Setze alle Nomen von a in den Plural und schreibe den Dialog wie in a auf.** ▶ Grammaire, p. 32/2.2

1 Animata et Fanta

2 Aaron et Alex

3 Mimi et Momo

– Les filles avec les chiens, c'est qui ? ________

– ________

– ________

– ________

– ________

– ________

★ **6 Écoute et complète. | Hör zu und ergänze mit dem bestimmten Artikel *le, la, l', les*. Manche Nomen musst du in den Plural setzen.**

Nico et Léo : Salut, ______ fille___ !

Emma : Salut, ______ garçon___ !

Yasmine : C'est qui ?

Emma : Ce sont Léo et Nico, ______ ami___ de Marie.

Yasmine : Et ______ fille___, c'est qui ?

Emma : C'est Mila. C'est ______ amie___ de Marie.

Et Mila et Marie, ce sont ______ amie___ de Léo !

Yasmine : Et ______ garçon___ avec ______ chien___, c'est qui ?

Emma : C'est Félix !

Yasmine : C'est ______ ami de Léo ?

Emma : Je ne sais pas.

Félix : Salut, ______ fille___ !

Emma et Yasmine : Ah, salut Félix !

Vocabulaire et expression

7 **Retrouve le dialogue. | Da ist etwas schiefgelaufen. Stelle den Dialog wieder her.**

Tom : La fille, ________________ c'est qui ?

Anna : C'est Lili. Elle habite ici depuis samedi. ________________

Tom : Et le garçon avec ________________ Lili, c'est qui ?

Anna : Je ne sais pas. ________________

Tom : Le garçon, ________________ c'est Amir. C'est l'ami ________________ de Medhi. Il habite dans le quartier ________________ de Sami.

8 **Présente ton ami/e. Écris les phrases. | Du stellst deinem französischen Nachbarn deinen Freund / deine Freundin und sein/ihr Lieblingstier vor. Schreibe die Sätze in dein Heft.** ► Les mots pour le dire, p. 199/1, Volet 1

Écrire

9 **Complète les messages. | Alex ist vor kurzem umgezogen und hat seinem Freund Léo ein Foto geschickt. Léo stellt Alex Fragen zum Bild. Vervollständige die Kurznachrichten.**

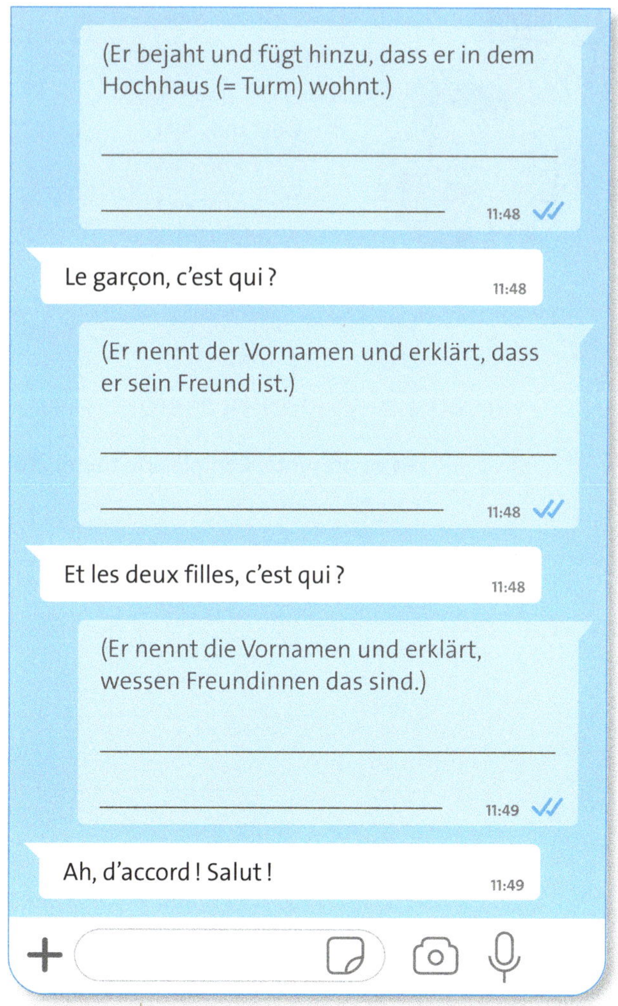

Lire et comprendre

▸p. 23

1 **Qui peut dire cela ? Note. | Lies den Text auf S. 23 noch einmal. Wer könnte das sagen? Schreibe ein [I] für Idriss oder/und ein [L] für Lili-Rose. Manchmal gibt es mehrere Möglichkeiten.**

1. J'habite à Paris. ☐
2. Gabin est sympa. ☐
3. Mon amie s'appelle Jeanne. ☐
4. On est dans la même classe. ☐
5. On est dans le même club de drones. ☐
6. J'aime le sport et la salade. J'aime aussi la Tunisie. ☐
7. J'aime les séries et le basket. ☐
8. Je n'aime pas les musées ! ☐
9. Les Twins sont cool ! ☐
10. Le collège ? Bof... je n'aime pas. ☐

Écouter et prononcer

2 a **Écoute et lis le poème en même temps. | Hör dir das Gedicht an und lies es leise mit.**

Coucou, c'est moi !
Coucou, c'est moi !
C'est toi, Nina ?
Mais non, c'est moi !
Mais c'est qui, « moi » ?
C'est moi, Ava !
Salut, Anna !
Non, c'est Ava !
Ah, salut ! Ça va ?
Ça va, ça va...

b **Réécoute le poème et lis-le à haute-voix. | Hör dir das Gedicht noch einmal an und lies es laut vor.**

c **Wähle eine der Rollen von a und bereite sie vor, spielt dann die Szene zu zweit. Sprecht – je nach Stimmung – freundlich, wütend, erfreut, genervt, ...**

Ihr könnt männliche Vornamen einsetzen: Sacha, Noah, Thomas, Mustapha, Lucas ...

Vocabulaire et expression

3 **Léa se présente. Complète le texte. | Léa stellt sich vor, aber es fehlen Wörter. Vervollständige den Text.**

▶ Les mots pour le dire, p. 199/1

dans la même classe • dans le même club • de Lyon • en cinquième • ensemble depuis • j'aime • j'aime aussi • moi, c'est

Salut ! ______________ Léa. Je suis ______________. Je suis ______________. Lili, c'est mon amie. On est ______________.

On est ______________ la sixième. On est aussi ______________ de danse. ______________ la danse !

______________ le basket.

S'entraîner

4 a Complète les phrases. | Matteo stellt sich und seine Freunde vor. Vervollständige die Sätze mit dem richtigen Personalpronomen.

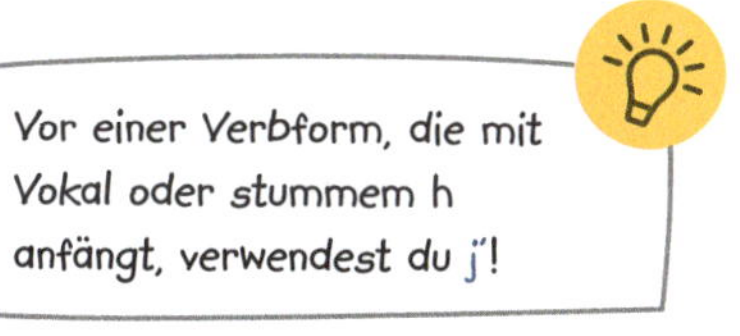

je | tu | il | elle | on | nous | vous | ils | elles

__________ m'appelle Matteo, __________ ai 13 ans. __________ habite à Toulouse, rue Pradal. Mon ami, c'est Paul. __________ est super ! Paul et moi, __________ est dans la même classe. Emma, c'est aussi mon amie. __________ est cool ! __________ sommes ensemble dans le club de théâtre avec Assia et Nora, les filles de la cinquième A. __________ sont sympa. Ibrahim et Louis sont aussi en cinquième A. __________ sont cool, mais avec Louis, c'est un peu compliqué. Et toi, __________ es de Toulouse ? Et le garçon avec toi, __________ s'appelle comment ? __________ êtes dans la même classe ?

b Comparer les langues : Comment on dit cela en allemand ? | Wie sagt man das auf Deutsch? Und in anderen Sprachen, die du kannst? Erkläre den Unterschied zum Französischen.

1

2

☆ **5 À l'école maternelle[1]. Complète les phrases. | Während der Pause spielen die Vorschulkinder Verstecken. Vervollständige die Sätze mit den Formen von *être*.**

▶ Grammaire, p. 33/3

1 **l'école maternelle** die Vorschule

In Frankreich gehen Kinder zwischen drei und sechs Jahren in die école maternelle. Sie ist staatlich und kostenlos. Seit 2019 besteht für Kinder ab drei Jahren Unterrichtspflicht.

1

2

▶▶▶

★ **6** **Malika est avec Léonie. Complète le dialogue par le verbe *être*. | Malika und Léonie unterhalten sich auf dem Weg zur Schule. Vervollständige den Dialog mit dem Verb *être*.** ► Grammaire, p. 33/3, La conjugaison, p. 161

Verwende auch Personalpronomen, wenn nötig.

Malika : Moi, je suis __________ en cinquième. Et toi, __________ aussi en cinquième ?

Léonie : Non, __________ en sixième. Inès et toi, __________ dans la classe de Lili-Rose ?

Malika : Non, Inès et moi, __________ en cinquième C, mais Lili-Rose __________ en cinquième A, dans la classe de Jeanne.

Léonie : Ah oui ! Lili-Rose et Jeanne __________ dans la même classe.

7 a **Ils sont d'où ? Écris les phrases. | Woher kommen sie? Schreibe die Sätze auf.**

1. Gabin et Jeanne, ils sont d'où ? Ils sont de Paris.
2. Et Noé ? Il __________
3. Et Marie et Anna ? __________
4. Et Yasmine ? __________
5. Et Yann et Rachid ? __________
6. Et Elsa ? __________

b **Retrouve les villes sur la carte de France.** ► Livre, début

Parler – Tandem

8 Partner A (deutsche/r Austauschschüler/in) ist bei Partner B (französische/r Austauschschüler/in) zu Besuch in Paris. Ihr seht euch Fotos auf euren Smartphones an, stellt euch gegenseitig Fragen und antwortet.

So arbeitet ihr mit dem Tandem: Deckt die Seite so ab, dass A nur die linke Spalte sieht, B nur die rechte Spalte sieht. Korrigiert euch gegenseitig mit Hilfe der vorgegebenen Lösungen. A fängt an.

A

1. B zeigt dir ein Foto.
   A: Frag, wer das Mädchen mit der Katze ist.
   B: (C'est mon amie. Elle s'appelle Pauline.)
2. A: Frag, ob B Katzen mag.
   B: (Oui, j'aime les chats et les chiens.)
3. B: (Et toi, tu aimes les chats ?)
   A: Verneine, aber Schildkröten magst du.
4. Du zeigst B ein Foto.
   B: (Le garçon, c'est qui ?)
   A: Antworte: er heißt Lukas, ihr seid in derselben Klasse.
5. B : (Lukas est de Paris ?)
   A : Verneine: Lukas ist aus Berlin. Er wohnt hier seit Samstag.
6. B zeigt dir ein Foto.
   A: Frag, wer die zwei Jungen sind.
   B: (Ce sont Aydin et Gustave. On est dans le même club de musique.)
7. A: Frag, ob B auch gerne tanzt.
   B: (Non, et je n'aime pas le sport.)
8. B: (Et toi, tu aimes la danse ?)
   A: Verneine und sag, dass du Serien und Drohnen magst.

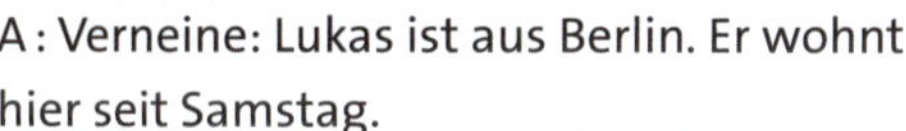

B

1. Du zeigst A ein Foto.
   A: (La fille avec le chat, c'est qui ?)
   B: Antworte: Sie ist deine Freundin. Sie heißt Pauline.
2. A: (Tu aimes les chats ?)
   B: Bejahe, du magst Katzen und Hunde.
3. B: Frag, ob A Katzen mag.
   A: (Non, je n'aime pas les chats mais j'aime les tortues.)
4. A zeigt dir ein Foto.
   B: Frag A, wer der Junge ist.
   A: (Il s'appelle Lukas. On est dans la même classe.)
5. B: Frag A, ob Lukas aus Paris ist.
   A: (Non, il est de Berlin. Il habite ici depuis samedi.)
6. Du zeigst A ein Foto.
   A: (Les deux garçons, c'est qui ?)
   B: Antworte: Es sind Aydin und Gustave. Ihr seid im selben Musikverein.
7. A: (Tu aimes aussi la danse ?)
   B: Verneine und sag, dass du keinen Sport magst.
8. B: Stell A die Gegenfrage.
   A: (Non. Moi, j'aime les séries et les drones.)

Écrire

9 a Nora se présente. Ajoute les onze accents. | Nora stellt sich vor. Sie hat eine Nachricht geschrieben, aber alle elf Akzente fehlen! Füge sie hinzu.

Objet : Salut !

Salut ! Je m'appelle Nora et j'ai 13 ans. Je suis de Paris, mais j'habite a Bordeaux. Je suis en cinquieme. J'aime le college. J'aime aussi le basket, les series, les musees, les supermarches et le metro de Paris ! Mon amie s'appelle Dounia, elle est super ! Dounia, Lila et moi, on est dans le meme club theatre. Lila, c'est l'amie de Dounia. Avec Lila, c'est un peu complique, mais elle est sympa. Salut !

b Réponds à Nora. | Antworte Nora. Stelle dich und deinen Freund / deine Freundin vor und erzähle auch von euren Vorlieben. Schreibe mindestens 40 Wörter in dein Heft. ▶ Les mots pour le dire, p. 199/1, Banque des mots, p. 167

Nutze Noras Text (▶ 9a) als Modell.

Écouter et prononcer

1 a **ɑ̃ comme « an », ɛ̃ comme « cinq » ou ɔ̃ comme « onze » ? Écoute et note.** | **Wann hörst du ɑ̃, ɛ̃ oder ɔ̃? Schreibe die Nummer in die entsprechende Spalte.**

ɑ̃	ɛ̃	ɔ̃

b **Écoute, répète, puis note les liaisons.** | **Jugendliche, die Paris besichtigen, kommen ins Gespräch. Hör zu, wiederhole und mache das Verbindungszeichen ‿, wenn du die „Liaison" hörst.**

– Vous‿êtes de Paris ?

– Non, on est de Lyon. Et toi, tu habites où, en Allemagne ?

– J'habite à Cologne.

– Tu es avec des amis à Paris ?

– Oui, je suis ici avec un ami.

– Tu aimes Paris ?

– J'aime le musée des Arts Forains, et la Coulée verte. Mon ami et moi, on est fans de nature !

Écouter et comprendre

2 **Le quartier d'Alice. Vrai ou faux ? Écoute le texte, puis coche.** | **Hör dir den Text an und gib an, ob die Sätze richtig oder falsch sind. Korrigiere die falschen Sätze in deinem Heft.**

	vrai	faux
1. Alice est de Blois.	☐	☐
2. Le quartier d'Alice, c'est République.	☐	☐
3. Le collège d'Alice est dans la rue République.	☐	☐
4. Dans le quartier, il y a le métro, des cinémas, des cafés...	☐	☐
5. Dans la rue Béranger, il y a aussi des tours.	☐	☐
6. Pas loin[1], il y a une gare et un canal.	☐	☐

1 **pas loin** nicht weit

la place de la République

le canal Saint-Martin

la gare de l'Est

S'entraîner

☆ **3** **Le quartier de Louis est super. *Un, une* ou *des* ? Complète. | Louis hat einen Text über sein Viertel geschrieben, aber es fehlen alle Artikel! Vervollständige den Text mit *un, une* oder *des*.** ▶ Grammaire, p. 33/4

Mon quartier est super ! Il y a ________ stade, ________ cinéma et ________ magasins : ________ magasin de drones et ________ magasin de musique. Il y a aussi ________ tours. Dans ________ tour, il y a ________ centre commercial avec ________ boulangerie, ________ cafés et ________ magasin de sport. Dans le quartier, il y aussi ________ parc. C'est super pour les fans de nature !

★ **4** **Qu'est-ce qu'il y a dans le quartier de Marie ? *le, la, l', les* ou *un, une, des* ? Complète le texte. | Marie erklärt, was sich in ihrem Viertel befindet. Vervollständige den Text mit dem bestimmten Artikel *le* oder *la* oder dem unbestimmten Artikel *un, une* oder *des*.**

la Seine avec une péniche

le jardin du Luxembourg

Saint-Germain-des-Prés

Moi, c'est Marie ! J'habite à Paris, rue du Dragon, à Saint-Germain-des-Prés. Dans ________ quartier, il y a ________ parc. C'est ________ jardin du Luxembourg, il y a ________ théâtre, ________ théâtre de l'Odéon, et il y a ________ musées, ________ musée Delacroix et ________ musée du Luxembourg. Dans ________ rues de Saint-Germain-des-Prés, il y a ________ magasins. Dans ________ rue du Dragon, il y a ________ hôtel, ________ hôtel du Dragon, il y a ________ boulangerie, ________ boulangerie *Baguettes et croissants* et ________ restaurants, par exemple, ________ restaurant *La tomate* et ________ restaurant *Marcel*. Pas loin[1], il y a ________ cathédrale Notre-Dame-de Paris. Et il y a aussi la Seine !

1 **pas loin** nicht weit

5 **Écris le numéro des pages de ton carnet jusqu'à *vingt* en toutes lettres. | Schreibe die Seitenzahlen deines Arbeitsheftes bis zwanzig aus.** ▶ Les nombres, p. 162

Vocabulaire et expression

6 a Complète les mots croisés. | Löse das Kreuzworträtsel.

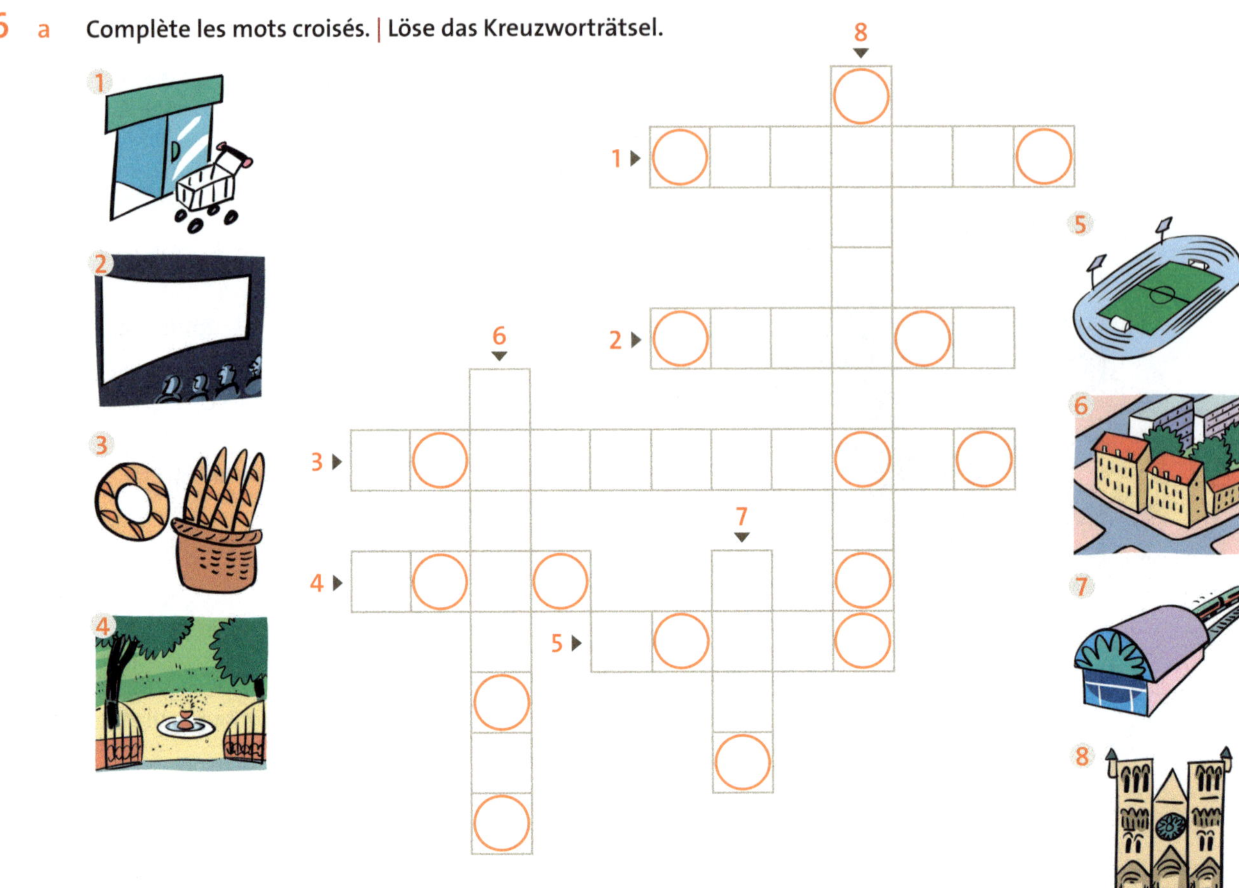

b Markiere die männlichen Nomen blau und die weiblichen Nomen rosa ▶ Liste de mots, p. 179–182

c Die hervorgehobenen Felder ergeben ein Lösungswort. Schreibe es auf.

un 

Médiation

7 Deine französische Freundin ist gerade umgezogen. Sie schreibt dir eine Nachricht. Du erzählst deinem Freund, der kein Französisch kann, was du verstanden hast. ▶ Méthodes, p. 159

Mache dir Stichpunkte auf Deutsch.

Objet : PARIS !

Salut !

Ça va ? Moi, ça va... super  ! J'habite à Paris maintenant ! Dans mon quartier, il y a le parc André Citroën. Dans le parc, il y a des fontaines, c'est super ! En plus, j'aime le vert, la nature, les plantes... Dans le quartier, il y a aussi un cinéma, c'est le cinéma « Gaumont ». Il y a souvent des films pour les jeunes de 12 à 16 ans. C'est cool !

J'habite, rue Saint-Charles. C'est super, il y a plein de magasins : un magasin de sport, un magasin de souvenirs, des boulangeries... Et il y a aussi un magasin de tee-shirts ! Sur mon tee-shirt, il y a : J'♥ le shopping !

Je suis au collège Camille Sée dans la classe de Martin, Dinga et Minh Tâm. Ils sont super ! On est souvent ensemble. Cool !

À plus !

Julie

Im *Atelier d'écriture* trainierst du intensiv das Schreiben.

1 **Tu t'appelles Paul ? Complète le dialogue.** | **Mia und Paul lernen sich kennen. Vervollständige den Dialog.**

▶ Les mots pour le dire, p. 216/1.

– Bonjour, je m'appelle Mia. ________ ________, tu t'appelles ________ ?

– Salut ! Moi, ________ Paul. Et ________ Pixel, ________ mon ami.

– Le chien ________ Pixel ? Cool ! Tu habites à Brest ?

– Oui, j'habite ________ ________ samedi.

– Alors, ________ à Brest, Paul !

2 **Écris un poème.** | **Schreibe ein Gedicht. Benutze *Zoom sur moi* als Vorlage. Du kannst z. B. folgende Wörter verwenden:**

Zoom sur moi[1]
Dans le quartier, il y a une rue.
Dans la rue, il y a un centre commercial.
Dans le centre commercial, il y a un magasin.
Dans le magasin, il y a des drones.
Dans le magasin, il y a aussi un garçon.
Le garçon, c'est moi, Gabriel !
Et moi, j'aime les drones !

classe | en Allemagne | collège | rue | quartier | ville | des filles et des garçons

MK Du kannst dein Gedicht am Computer schreiben. Die Sonderzeichen findest du auf der hinteren Umschlagsseite deines Carnet.

1 **zoom sur moi** Zoom auf mich

3 **Diva et ses amis.** | **Diva stellt sich und ihre Freunde vor und spricht dabei von ihren Vorlieben. Schreibe einen kurzen Text in der 1. Person Singular.** ▶ Les mots pour le dire, p. 216/1

Diva, 13 ans

Balzac, ami de Diva

Jérôme, ami de Diva

Tégévé, amie de Jérôme et de Diva

Je m'appelle Diva. ________________________________

____

____

Fais le point

Hier überprüfst du, ob du die Redewendungen, die Vokabeln und die Grammatik der Unité 1 beherrschst. Löse die folgenden Aufgaben ohne Hilfen und vergleiche deine Ergebnisse mit den Lösungen auf scook.de. ► Code, S. 1

Vocabulaire

1 **Retrouve les 16 noms et écris-les avec l'article défini. | Finde die 16 Nomen wieder und schreibe sie vollständig mit dem bestimmten Artikel auf.**

___ mét___	___ sup___	___ ca___	___ sta___
___ quar___	___ mu___	___ res___	___ ga___
___ maga___	___ ci___	___ col___	___ vil___
___ boul___	___ thé___	___ cathé___	___ hô___

Les mots pour le dire

2 **Assia stellt sich in einem Forum vor. Schreibe ihren Text in der ersten Person Singular in dein Heft.**

Assia | à Paris, rue de Marseille | quartier : magasins, cafés, parc. | cinquième | Selma : amie, même classe, ensemble/sixième | ♥ danse, séries, jeux vidéo

Bonjour, moi c'est ___

Der bestimmte und der unbestimmte Artikel

3 **Qu'est-ce qu'il y a dans le quartier de Léo ? Complète. | Vervollständige mit *le, la, l', les* oder *un, une, des*.**

Dans ___ quartier de Léo, il y a ___ gare, c'est ___ gare de Lyon. Il y a ___ magasins comme ___ boulangerie *Les croissants de Paris*, ___ magasin de sport *Athletic* ou ___ centre commercial de Bercy. Il y a ___ cinémas comme ___ cinéma UGC de Bercy et ___ théâtres comme ___ théâtre de l'Aquarium. Il y a aussi ___ hôtels comme ___ hôtel *Paris Bercy*.

Die Intonationsfrage

4 **Trouve les questions et écris-les. | Finde die Fragen heraus und schreibe sie auf.**

1. – ___ – Oui, je m'appelle Max.
2. – ___ – Oui, j'habite ici.
3. –  – Oui, j'aime Paris !
4. – 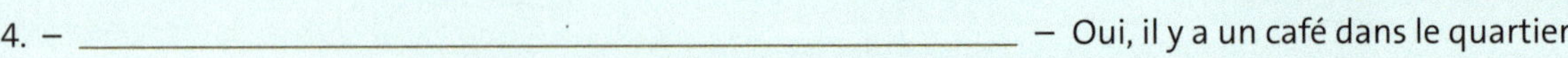 – Oui, il y a un café dans le quartier.

Das Personalpronomen

5 **Complète le dialogue entre Malika et Gabin. | Malika aus der 8. Klasse stellt Gabin viele Fragen. Vervollständige den Dialog mit Personalpronomen.**

Malika : Le garçon, c'est qui ?

Gabin : ________ s'appelle Idriss. Idriss et moi, ________ est dans la même classe.

Malika : ________ êtes en cinquième A ?

Gabin : Non, ________ sommes en cinquième B.

Malika : Et les deux garçons, c'est qui ?

Gabin : Ce sont Paul et Tom. ________ sont dans le club de drones de Mme Martin.

Das Verb *être* und das Personalpronomen

6 **Noé est avec ses amis. Complète les phrases. | Vervollständige die Sätze. Verwende das Verb *être* und ein Personalpronomen.**

Noé : Moi, ____________________________ de Blois, et vous, ____________________________ de Paris ?

Idriss : Oui, Gabin et moi, ____ d'ici.

Noé : Et Lili-Rose et Jeanne ?

Idriss : ____________________________ aussi de Paris.

Noé : Gabin, ____________________________ dans le club de drones de Mme Martin ?

Gabin : Oui, Idriss aussi. ____ dans le même club.

Noé : Et Nico ? ____________________________ aussi dans le club de drones ?

Gabin : Non, Nico n'aime pas les drones.

C-Test: Cocktail

7 **Bienvenue Rachida ! Complète le texte. | Marie begrüßt eine neue Nachbarin in ihrem Viertel. Ergänze den Text.**

C'e______ super i______ ! Par exe______, il y a l___ métro, u___ cinéma, u___ stade e___ des maga______ :

une boula_________, un super_________ et u___ magasin d___ drones. E___ il y a au______ un pa______

pour l______ fans d___ nature ! M___, j'ai______ la nat______ et l______ animaux.

Vo______ mon am______ Emma. Elle hab______ aussi da______ le quar_________. Nous som_________

ensemble dep_________ la six_________. J'ai______ beaucoup Emma. El___ est su_________ !

Module 1 : Le français en classe

1 **Du lernst einen jungen Franzosen kennen, der gehörlos ist. Finde heraus, wie er heißt und woher er kommt.**

▶ Liste des mots, p. 183

1. Il s'appelle ______________________.

2. Il est de ______________________.

▶ p. 42

2 a **Relie. | Was gehört zusammen? Verbinde.**

apostrophe •	• ê
cédille •	• é
accent aigu •	• è
accent grave •	• '
accent circonflexe •	• ç

Die cédille gibt es nur bei „c". „Accent grave" und „accent circonflexe" gibt es manchmal bei anderen Vokalen.

b **Complète. | Vervollständige den Dialog mit dem richtigen Buchstaben. Achte auf die Sonderzeichen!**

Marie : Salut ! Je m___appelle Marie. Vous ___tes les gar___ons de la cinqui___me A ?

Adam : Oui. Moi, c___est Adam et mon ami s___ appelle Soan. On est dans la m___me classe.

Marie : Et tu habites o___ ?

Adam : ___ Bastille. L___, il y ___ des caf___s et des restaurants.

c **Des jeunes s'inscrivent à l'atelier théâtre. Écoute et complète la liste. | Jugendliche melden sich in der Theater-AG an. Hör zu und ergänze die Teilnehmerliste.**

Atelier Théâtre de Picpus

Liste des participants

	Prénom	Nom
1.	Lilou	Fabre
2.		
3.		
4.		
5.		
6.		

Unité 2

Vocabulaire : La famille

1 **Retrouve les noms. | Finde die richtige Reihenfolge der Buchstaben und schreibe die Wörter zum Thema Familie mit dem bestimmten Artikel *le/l'*, *la/l'*, *les* auf.** ▶ Liste des mots, p. 176

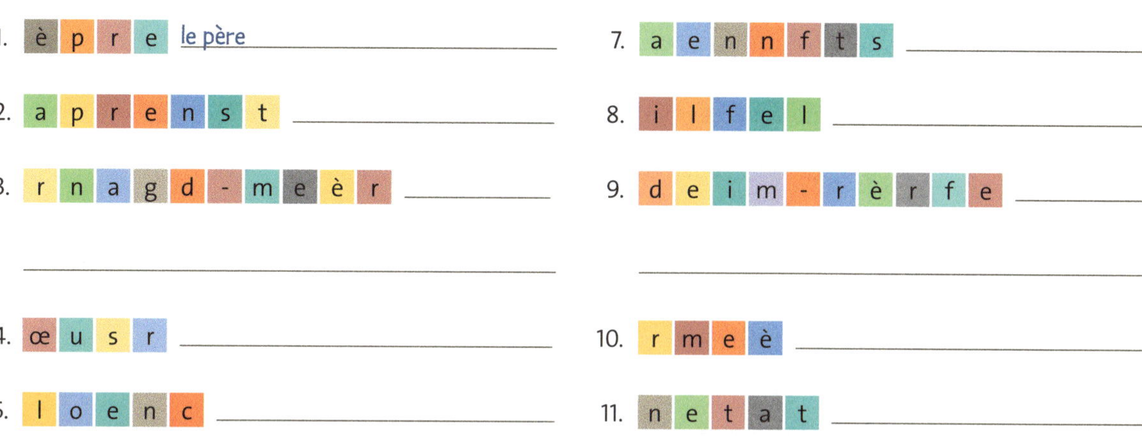

1. è p r e — le père
2. a p r e n s t ______
3. r n a g d - m e è r ______
4. œ u s r ______
5. l o e n c ______
6. o u n s c i ______
7. a e n n f t s ______
8. i l f e l ______
9. d e i m - r è r f e ______
10. r m e è ______
11. n e t a t ______

2 a **Voilà une photo de la famille de Louis. Complète. | Vervollständige die Beschriftungen des Familienfotos und zeichne die fehlenden Familienmitglieder ein.** ▶ Liste des mots, p. 176

b **Écris le message dans ton cahier. | Kannst du diese Botschaft entziffern? Schreibe sie in dein Heft.**

Je m'appelle Louis et j'ai 13 ans. Mes parents, ce sont Benoît et Catherine. Mes frères et sœurs ce sont Mila, Raphaël et Jules. Dans ma famille, il y a aussi mon grand-père, Robert, c'est le père de ma mère. Ma tante Flora et mon oncle Pierre ont deux enfants, ce sont mon cousin Arthur et ma cousine Emma. Ah oui, et dans ma famille, il y a aussi mon chien ! Il s'appelle Titeuf.

Lire et comprendre

▸ p. 42

1 a Lis les phrases et coche *vrai* ou *faux*. | Sind die folgenden Aussagen zum Text S. 42 richtig (*vrai*) oder falsch (*faux*)? Kreuze an.

	vrai	faux
1. Gabin a deux cousins.	☐ M	☐ A
2. Noé n'a pas de frères et sœurs.	☐ D	☐ É
3. Noé a un cousin et deux cousines.	☐ N	☐ I
4. Gabin est fan de jeux vidéo.	☐ N	☐ R
5. Lili-Rose a un chien.	☐ S	☐ T
6. Le beau-père de Lili-Rose a une allergie.	☐ A	☐ B

b C'est qui ? | Die in a angekreuzten Buchstaben ergeben in der richtigen Reihenfolge einen Namen, der im Text S. 42 vorkommt. Schreibe auf, um wen es sich handelt.

☐☐☐☐☐☐ C'est ____________________

de ____________________

c Corrige les phrases fausses. | Korrigiere die falschen Aussagen von a in deinem Heft.

Vocabulaire et expression

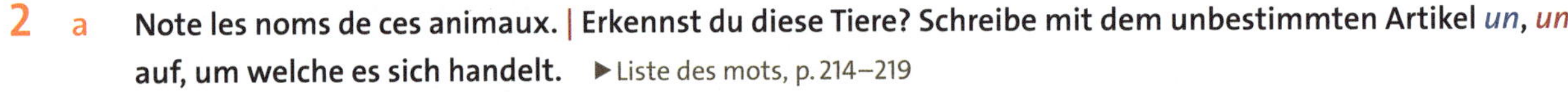

2 a Note les noms de ces animaux. | Erkennst du diese Tiere? Schreibe mit dem unbestimmten Artikel *un*, *une* auf, um welche es sich handelt. ▸ Liste des mots, p. 214–219

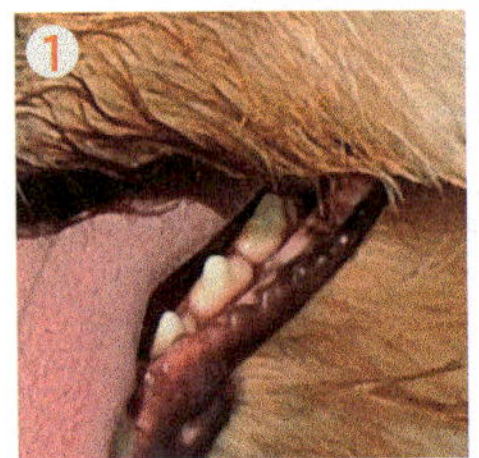

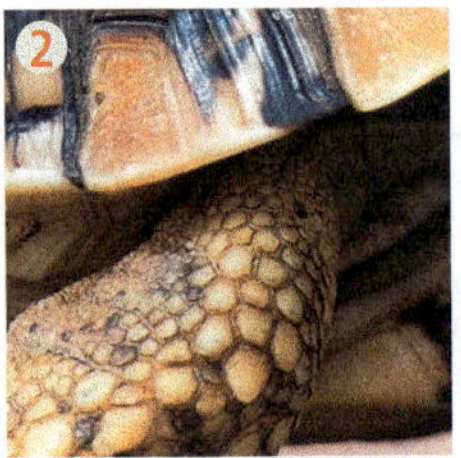

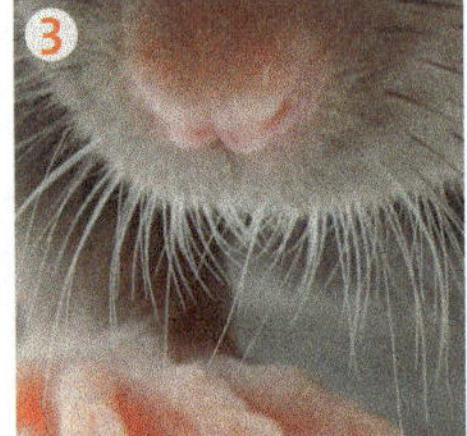

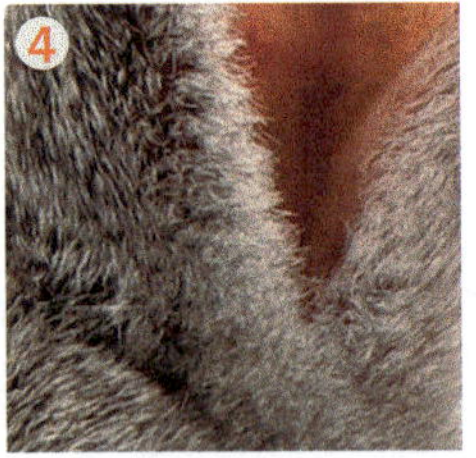

un ____________ ____________ ____________ ____________ ____________

b Tu connais le nom d'un autre animal en français. Note-le. | Du kennst ein anderes Tier auf Französisch. Welches? Schreibe es auf. Du kannst auch eine kleine Zeichnung des Tieres anfertigen.

Das gesuchte Nomen hat sieben Buchstaben und ist männlich.

C'est ____________________

3 a Complète les commentaires de ces jeunes. | Ergänze die Kommentare dieser Jugendlichen mit den folgenden Wendungen. Manchmal gibt es mehrere Möglichkeiten. Achtung: zwei Wendungen sind zu viel und passen bei keinem der Sätze.

est contre. | c'est dommage... | est en retard. | c'est trop cool ! | oui et non... | m'énerve souvent. | c'est nul ! | c'est drôle.

1 Ma sœur a cinq ans et elle ____________

4 J'ai trois frères, ____________

2 Je n'ai pas de frères et sœurs, ____________

5 J'ai quatre cousins, ____________

3 Je voudrais avoir un rat, mais mon père ____________

6 Mon frère a 18 ans, ____________

b Et toi ? Écris des commentaires sur ta famille. | Schreibe Kommentare zu deiner Familie in dein Heft und nutze dazu die Wendungen aus a.

On joue !

4 Jouez au jeu des familles. | Das „Jeu des familles" könnt ihr mit 2–6 Spielern nach den Regeln eines Quartetts spielen. Zu jeder Familie gehören hier immer fünf Mitglieder, daher bekommt auch jeder Spieler zu Beginn fünf Karten. Ihr findet die Karten in der Mitte dieses Arbeitsheftes.

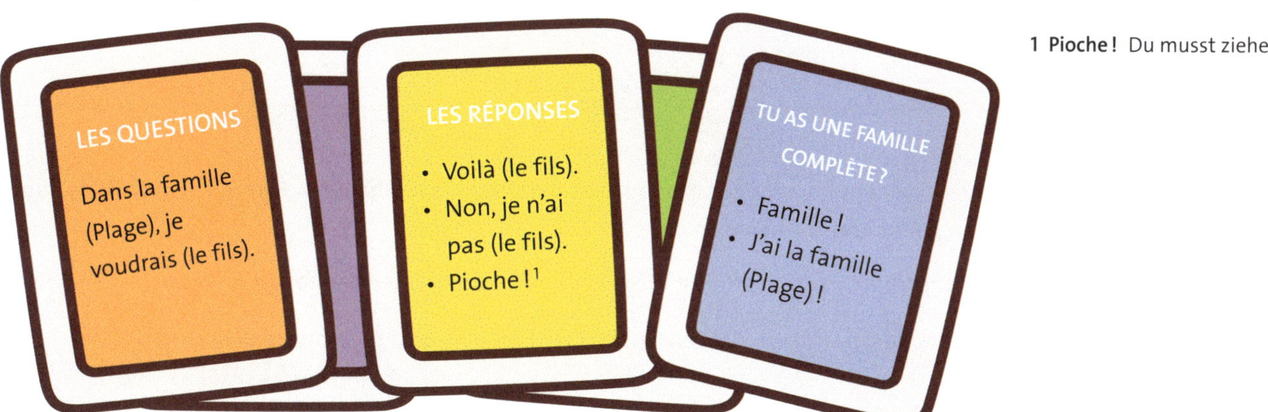

1 **Pioche !** Du musst ziehen!

Écouter et prononcer

5 a Qui dit quoi ? Note. | Welcher Satz gehört zu welchem Bild? Notiere die Nummer.

Photo ___ : J'ai deux cousines.

Photo ___ : Je n'ai pas de frères et sœurs.

Photo ___ : J'ai un poisson.

Photo ___ : J'ai deux frères.

b Écoute et répète. | Überprüfe deine Antwort von a. Hör dir die Sätze an und sprich sie nach.

c Wie sagt man, dass man kein Tier hat? Schreibe den Satz auf.

____

d Écoute et répète. | Überprüfe deine Antwort von c. Hör dir den Satz an und sprich ihn als Rückwärtskette nach. ▶ Méthodes, p. 152/13

S'entraîner

☆ **6 a** Retrouve et note des formes des verbes *être* et *avoir* avec les pronoms personnels. | Finde die Verbformen von *être* und *avoir* in der Buchstabenschlange und notiere sie mit den passenden Personalpronomen.
▶ Grammaire, p. 33/3, p. 54/1

ai|sommesessontestasasuis

avoir		être	
j'ai ______	______	______	______
______	______	______	______
______	______	______	______

b Note les quatre formes qui manquent. | Ergänze in a die vier noch fehlenden Formen in grün. Was haben die grünen Formen gemeinsam? Kreuze an.

- ☐ Beim Sprechen hört man ein stimmhaftes Bindungs-[z] zwischen Personalpronomen und Verbform.
- ☐ Beim Sprechen macht man zwischen Personalpronomen und der Verbform eine kurze Pause.

c Complète. | Ergänze die Sätze mit den richtigen Verbformen von *avoir*. ▶ Grammaire, p. 54/1

1. Moi, je/j' __________ deux frères et sœurs.
2. Mes cousins __________ une allergie.
3. Nous __________ un chien, Rantanplan.
4. Max __________ un drone depuis samedi.
5. Toi, tu __________ quel âge ?
6. Lina et Mila __________ 13 ans.
7. – Vous __________ des questions ?
   – Non, on __________ la réponse !

★ **7** ***Être* ou *avoir* ? Complète le mail de Lou. | Ergänze die Mail von Lou mit den passenden Formen von *être* oder *avoir*.** ▶ Grammaire, p. 33/3, p. 54/1

Weißt du, wo die Stadt Lille liegt? Finde sie auf der Frankreichkarte in deinem Buch.

Objet : Salut !

Salut !

Je m'appelle Lou, je/j' __________ treize ans et je/j' __________ de Lille. Mes parents __________ sympa. Je/J' __________ un frère et une sœur. Mon frère et ma sœur __________ six ans et ils __________ chou. Nous __________ souvent ensemble. Nous __________ aussi un chien, Jambon. Il __________ deux ans. Et toi ? Tu __________ d'où ? Tu __________ des frères et sœurs ? Vous __________ des animaux ? Tes amis, ce/c' __________ qui ? Vous __________ dans la même classe ?

À plus, Lou

Écouter et comprendre

8 **Écoute et remets dans l'ordre. | Hier stellen drei Personen ihre Familien vor. Ordne die Fotos der Familien nach der Reihenfolge, in der sie vorgestellt werden. Ein Bild bleibt übrig.**

Écrire

9 **Présente la quatrième famille. | Stelle die in 8 übrig gebliebene Familie vor.**

Dans la famille, il y a... __________

____

Lire et comprendre

1 Complète les phrases. | Wie stehen die Personen aus dem Text S. 44 zueinander? Vervollständige die Sätze.

▸ p. 44

Kader est ____________ d'Idriss et ____________ est le frère d'Idriss.

Maïssa et Lina sont ____________ d'Idriss et de/d'____________.

Jean-Michel et Sophie sont ____________ de Stéphanie et ____________ d'Idriss.

____________ est l'arrière-grand-mère d'Idriss.

____________ et ____________ sont les parents de Lili-Rose.

Luc est ____________ de Carine et ____________ de Lili-Rose.

Jade est ____________ de Lili-Rose.

Jeanne est ____________ de Lili-Rose et elle est comme ____________ pour Lili-Rose.

Vocabulaire et expression

2 a **Note le bon numéro.** | **Schreibe die Nummer des passenden Kalenderblatts zu den Zeitangaben. Ein Ausdruck bleibt übrig.** ▸ Liste alphabétique, p. 186–187

1 NOVEMBRE

L	M	M	J	V	S	D
					X	X
					X	X
					X	X
					X	X
					X	X

2 NOVEMBRE

L	M	M	J	V	S	D
					X	X
					X	X

3 NOVEMBRE

L	M	M	J	V	S	D
X	X	X	X	X		
X	X	X	X	X		
X	X	X	X	X		
X	X	X	X	X		
X	X	X	X	X		

4 NOVEMBRE

L	M	M	J	V	S	D
	X					
					X	
		X				

5 NOVEMBRE

L	M	M	J	V	S	D
X		X	X	X	X	X
X	X	X		X	X	
	X	X	X	X		X
X	X	X	X		X	X
X	X	X	X	X		

☐ un week-end sur deux ☐ le week-end ☐ souvent ☐ pendant la semaine

☐ pendant les vacances ☐ parfois

▸ p. 44

b **Utilise les expressions de a et écris trois phrases.** | **Schreibe für deine/n Partner/in drei Rätselsätze zu den Personen aus dem Text auf S. 44 und nutze dafür die Zeitangaben aus a. Schreibe in dein Heft.**

Exemple : Qui est souvent en Guadeloupe ? (C'est Joseph, le père de Lili-Rose.)

Guadeloupe liegt in der Karibik, etwa 6700 km von Paris entfernt. Die Inselgruppe hat rund 400.000 Einwohner, ist ein französisches Überseegebiet und gehört somit auch zur EU.

S'entraîner

3 **Noé regarde des photos avec Lili-Rose. Complète le dialogue par *mon*/*ma*/*mes* et *ton*/*ta*/*tes*. | Ergänze den Dialog mit *mon*/*ma*/*mes* und *ton*/*ta*/*tes*.** ▶ Grammaire, p. 54/2

Lili-Rose : Regarde, c'est moi avec ______________ parents. Et là, ______________ père est en Guadeloupe.

Noé : Ah, et là, ce sont ______________ grands-parents ?

Lili-Rose : Oui. Et la fille, là, c'est ______________ cousine Anna. Et ici, ce sont ______________ cousins. Ils s'appellent Mathis et Quentin.

Noé : Et voilà ______________ tante… Et ça, c'est ______________ amie ?

Lili-Rose : Non, c'est l'amie de ______________ cousin Mathis…

4 **Présente Jacob et Tilda. Utilise *son*, *sa*, *ses*.** ▶ Grammaire, p. 54/2

Jacob habite à Paris. ______________ parents sont séparés. Jacob habite avec ______________ mère, mais un week-end sur deux, il est chez ______________ père et ______________ amie.

Jacob a un chien et deux tortues. ______________ chien et ______________ tortues sont souvent ensemble.

Tilda habite à Berlin. ______________ parents sont séparés. Tilda habite avec ______________ mère, mais un week-end sur deux, elle est chez ______________ père et ______________ amie.

Tilda a un chien et deux tortues. ______________ chien et ______________ tortues sont souvent ensemble.

Écrire

5 **Présente Laura. Utilise *son*, *sa*, *ses*. | Du hast Lauras Steckbrief bekommen und stellst sie deinem französischen Freund in einer Mail vor.**

nom : Laura Duval
ville : Valenciennes
collège : Collège Henri Wallon
classe : cinquième B
parents : Simone et Nicolas Duval
frères et sœurs : Léo (six ans) et Mathilde (neuf ans)
animaux : deux poissons
copains : Emma, Alice, Camille, Raphaël

Voilà Laura Duval. Elle habite à ______________

Son collège, c'est le ______________

____

____

____

____

Écouter et prononcer

In jedem der sechs Nomen kommt der Laut [s] vor.

6 a Qu'est-ce que c'est ? Note les noms en-dessous des images. | Schreibe unter jedes Bild das passende Nomen mit dem bestimmten Artikel *le*, *la*, *les*.

la question ______ ______ ______ ______ ______

b Écoute et répète. | Hör zu, sprich nach und überprüfe, ob du in a die richtigen Wörter gefunden hast.

7 a [s] ou [z]? | Sprich die folgenden Wörter und Ausdrücke vor dich hin. Markiere sie grün, wenn du dabei den Laut [s] hörst und gelb, wenn du den Laut [z] hörst.

b Écoute et répète. | Hör zu, sprich nach und überprüfe, ob du in a die richtige Lösung gefunden hast.

Médiation

8 Dein Cousin Julius, der kaum Französisch versteht, wendet sich per Textnachricht mit einer Bitte an dich. Lies dir die folgenden Texte durch und schreibe Julius eine Nachricht, in der du auf seine Fragen antwortest. ▶ Méthodes, p. 159/27

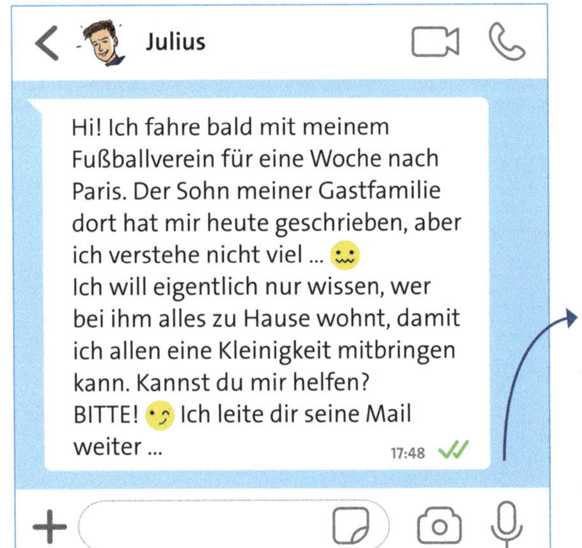

Objet : Foot à Paris

Salut, Je m'appelle Arthur et j'ai 14 ans. Voilà ma famille : Mes parents s'appellent Isabelle et Frédéric et ils sont sympa. Alex, mon frère de 9 ans, m'énerve souvent. J'ai aussi une demi-sœur, Ambre, qui a 18 ans. Elle, ça va. Ambre habite ici aussi, et son copain Karim est souvent chez nous. Karim est fan de foot, comme moi, c'est cool ! J'ai aussi une tante à Paris, c'est la sœur de ma mère, mais son quartier est loin de chez nous. Le frère de mon père habite en Bretagne. Je suis souvent chez mon oncle pendant les vacances. Ah, j'ai oublié : chez nous à Paris, il y a aussi mon chat Filou ! Il est noir et blanc et très très chou !!!
À plus

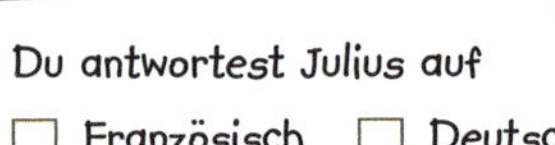

Du antwortest Julius auf
☐ Französisch ☐ Deutsch.

Vocabulaire et expression

1 a **Qu'est-ce qu'on fait ensemble? Note des verbes. | Was kann man zusammen machen? Ergänze die folgenden Ausdrücke mit passenden Verben. Manchmal sind mehrere Lösungen möglich.** ► Liste des mots, p. 186–187

1. regarder ________ une série
2. ________ de tout et de rien
3. ________ des vidéos
4. ________ pour l'école
5. ________ avec des amis
6. ________ sur Internet
7. ________ à un jeu vidéo
8. ________ avec son chien
9. ________ de la musique
10. ________ des mangas

b **Écris un poème. | Schreibe ein „Elfchen" mit den Verben und Ausdrücken aus a. Diese Art Gedicht kennst du bereits aus dem Deutschunterricht.**

Exemple :

Voilà
mes parents
et ma sœur.
Ma famille est super!
Parfois...

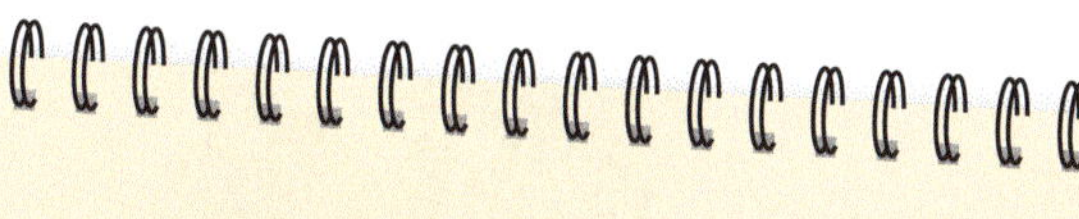

____

________ ________

________ ________ ________

________ ________ ________ ________

____

Écouter et prononcer

2 a **Note les pronoms personnels. | Notiere zu jeder Verbform das Personalpronomen. Manchmal passen mehrere.** ► Grammaire, p. 55/6

b **Maintenant, relie. | Verbinde nun die Verbformen mit der richtigen Lautschrift.**

1. je/il/ ________ dessine
2. ________ dessines
3. ________ dessinez
4. ________ aime
5. ________ aimez
6. ________ aiment

[desin] [paʀle] [desine] [paʀl] [ɛme] [ekut] [ɛm] [ekute]

7. ________ parlent
8. ________ parles
9. ________ parlez
10. ________ écoutez
11. ________ écoutent
12. ________ écoute

c **Écoute et répète. | Hör zu, sprich nach und überprüfe deine Lösung.**

S'entraîner

☆ **3** **Qu'est-ce qu'ils font ? Raconte.** | **Schreibe auf, was die Freunde am Samstag machen.** ▸Grammaire, p. 55/6

1

Noé ______

______

2

Gabin et Jeanne ______

______

3

Idriss ______

______

4

Gabin ______

______

5

Jeanne et Lili-Rose ______

______

6

Lili-Rose et Côtelette ______

______

★ **4** **Qui fait quoi avec qui ? Fais des phrases.** | **Bilde Sätze mit den unten angegebenen Wörtern und beschreibe, wer wann was mit wem macht.** ▸Grammaire, p. 55/6

Kannst du die sechs Personalendungen -e, -es, -e, -ons, -ez, -ent schon auswendig? Damit kannst du alle Verben auf -er konjugieren.

Pendant les vacances, Un week-end sur deux, Pendant la semaine, Le week-end,	je/j' tu il Amina on nous vous Max et Lou elles	*dessiner* *regarder* *jouer* *parler* *chatter* *rigoler* *travailler* *écouter*	toujours souvent parfois	à des jeux vidéo des séries pour l'école des mangas sur Internet de tout et de rien de la musique	avec mon/ton/son frère/__. avec ma/ta/sa sœur/__. avec mes/tes/ses parents/__. avec des amis. avec le chien. ensemble.

1. Le week-end, je joue souvent à des jeux vidéo avec mon frère.
2. Pendant la semaine, tu ______
3. ______
4. ______
5. ______
6. ______

5 a Posez les questions avec *est-ce que* et répondez par *oui* ou *non*. | Stellt Fragen mit *est-ce que* und beantwortet sie.
▶ Grammaire, p. 55/4

Auf Fragen mit „est-ce que" kannst du mit „oui" oder „non" antworten.

Exemple : 1. – Est-ce que tu as un animal ? – Oui. / Non.

1. Tu as un animal ?
2. Tu as des cousins ?
3. Tes grands-parents sont séparés ?
4. Tu habites près de l'école ?
5. Tu joues à Minecraft ?
6. Tu aimes les tomates ?

★ **b Complète les questions par *est-ce que* ou *qu'est-ce que* et relie. | Ergänze die Fragen mit *est-ce que* oder *qu'est-ce que* und verbinde sie mit passenden Antworten.** ▶ Grammaire, p. 55/4, p. 55/5

____________ tu habites dans une ville ? 1	A Oh oui, c'est vrai.
____________ il y a un cinéma dans ton quartier ? 2	B Il y a un parc et des cafés.
____________ tu rigoles souvent ? 3	C Oui, très souvent !
____________ tu fais avec tes frères et sœurs ? 4	D Non, j'ai 12 ans.
____________ tu as 13 ans ? 5	E Oui, à Berlin.
____________ il y a dans ton quartier ? 6	F J'aime les chats.
____________ tu aimes : les chats ou les chiens ? 7	G Non, c'est dommage.
____________ tu es fan de sciences ? 8	H On parle de tout et de rien.

Écrire

★ **6 a Paul pose des questions à Antoine. Écris leur dialogue. | Paul ist neu in Antoines Klasse. Auf dem Nachhauseweg möchte Paul einiges von Antoine erfahren. Schreibe den Dialog in dein Heft.**

Exemple : 1. Tu as quel âge, Antoine ?

b Jouez le dialogue. | Spielt die Szene nach.

Parler – Tandem

7 a **Imagine un/une cousin/e. | Denk dir eine/n Cousin/e aus. Fülle seinen/ihren Steckbrief mit erfundenen Informationen aus. Du kannst auch ein Porträtbild malen oder aufkleben.**

Name: ______

Alter: ______

Wohnort: ______

Geschwister: ______

Haustier: ______

Eltern?: ☐ zusammen ☐ getrennt

Was mag er/sie?: ______

b **Dein Freund aus Frankreich (A) möchte etwas über deine Cousins erfahren. Spielt den Dialog. Entscheidet, wer A und wer B ist. A stellt B auf Französisch Fragen. B antwortet mit den Informationen aus dem Steckbrief. Dann tauscht die Rollen.**

Die Angaben in (Klammern) sind Beispiele. Hier kannst du deine selbst ausgedachten Informationen einfügen.

A

1. **A: Frage, wie der/die Cousin/e von B heißt.**
   B: Il/Elle s'appelle (Luca).
2. **A: Frage, wie alt er/sie ist.**
   B: Il/Elle a (17) ans.
3. **A: Frage, wo er/sie wohnt.**
   B: Il/Elle habite à (Dortmund).
4. **A: Frage, ob er/sie Geschwister hat.**
   B: Oui, il/elle a (un frère et deux demi-sœurs). / Non, il/elle n'a pas de frères et sœurs.
5. **A: Frage, ob er/sie ein Haustier hat.**
   B: Oui, il/elle a (un chien). / Non, il/elle n'a pas d'animal.
6. **A: Und seine/ihre Eltern? Frage, ob sie zusammen leben.**
   B: Oui, ils sont ensemble. / Non, ils sont séparés.
7. **A: Frage, was er/sie mag.**
   B: Il/Elle aime (le bleu / les rats / le chocolat / le sport / ses amis).

B

1. A: Ton/Ta cousin/e s'appelle comment ?
   B: Er/Sie heißt (Luca).
2. A: Il/Elle a quel âge ?
   B: Er/Sie ist (17) Jahre alt.
3. A: Il/Elle habite où ?
   B: Er/Sie wohnt in (Dortmund).
4. A: Est-ce qu'il/elle a des frères et sœurs ?
   B: Ja, er/sie hat (einen Bruder und zwei Halbschwestern). / Nein, er/sie hat keine Geschwister.
5. A: Est-ce qu'il/elle a un animal ?
   B: Ja, er/sie hat (einen Hund). / Nein, er/sie hat kein Haustier.
6. A: Et ses parents ? Est-ce qu'ils sont ensemble ?
   B: Ja, sie leben zusammen. / Nein, sie sind getrennt.
7. A: Qu'est-ce qu'il/elle aime ?
   B: Er/Sie mag (die Farbe Blau / Ratten / Schokolade / Sport / seine/ihre Freunde).

Im *Atelier d'écriture* trainierst du intensiv das Schreiben.

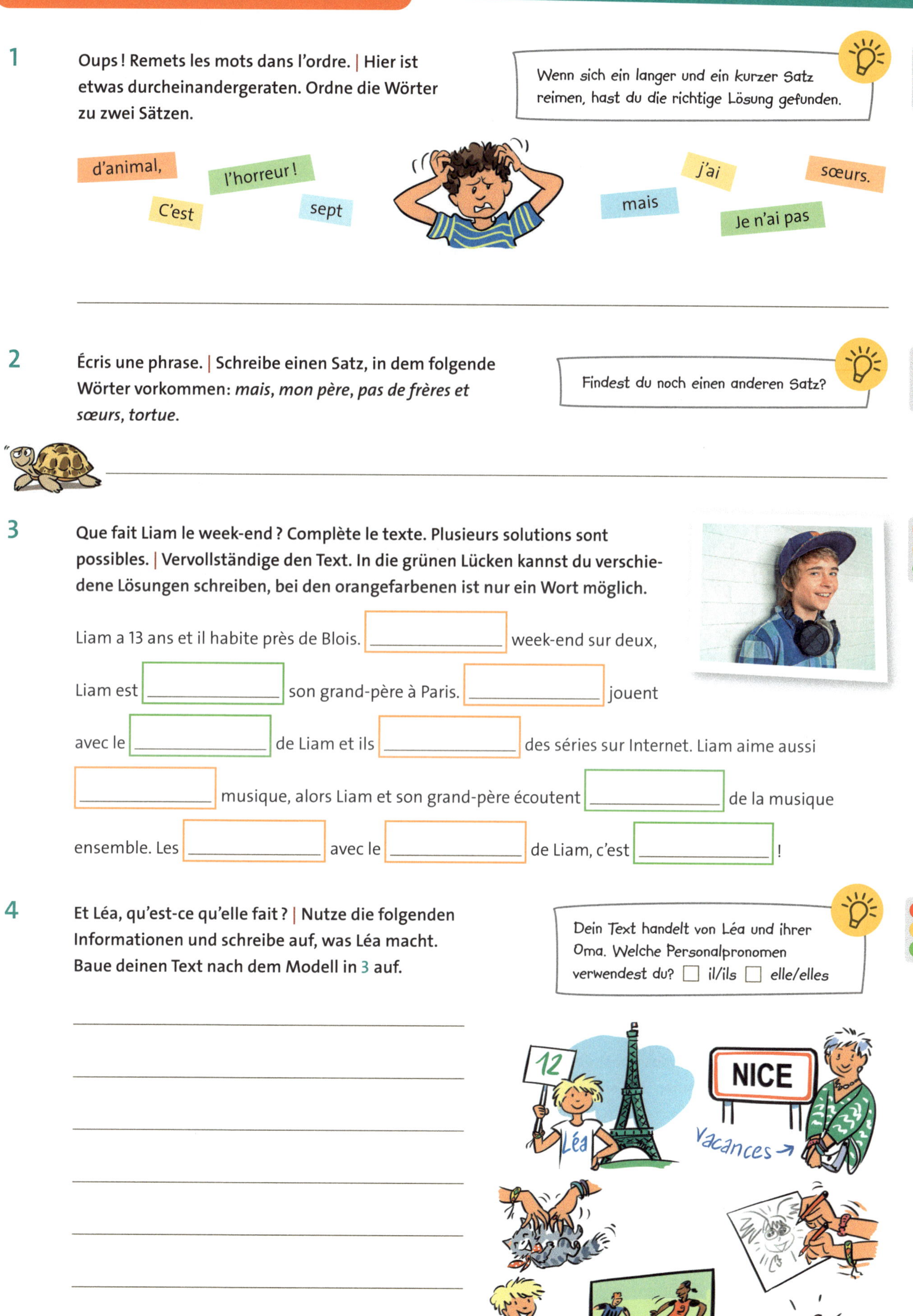

1 **Oups ! Remets les mots dans l'ordre. | Hier ist etwas durcheinandergeraten. Ordne die Wörter zu zwei Sätzen.**

Wenn sich ein langer und ein kurzer Satz reimen, hast du die richtige Lösung gefunden.

d'animal, · l'horreur ! · C'est · sept · j'ai · sœurs. · mais · Je n'ai pas

____

2 **Écris une phrase. | Schreibe einen Satz, in dem folgende Wörter vorkommen: *mais, mon père, pas de frères et sœurs, tortue*.**

Findest du noch einen anderen Satz?

____

3 **Que fait Liam le week-end ? Complète le texte. Plusieurs solutions sont possibles. | Vervollständige den Text. In die grünen Lücken kannst du verschiedene Lösungen schreiben, bei den orangefarbenen ist nur ein Wort möglich.**

Liam a 13 ans et il habite près de Blois. ________ week-end sur deux, Liam est ________ son grand-père à Paris. ________ jouent avec le ________ de Liam et ils ________ des séries sur Internet. Liam aime aussi ________ musique, alors Liam et son grand-père écoutent ________ de la musique ensemble. Les ________ avec le ________ de Liam, c'est ________ !

4 **Et Léa, qu'est-ce qu'elle fait ? | Nutze die folgenden Informationen und schreibe auf, was Léa macht. Baue deinen Text nach dem Modell in 3 auf.**

Dein Text handelt von Léa und ihrer Oma. Welche Personalpronomen verwendest du? ☐ il/ils ☐ elle/elles

____

____

____

____

Hier überprüfst du, ob du die Redewendungen, die Vokabeln und die Grammatik der Unité 2 beherrschst. Löse die folgenden Aufgaben ohne Hilfen und vergleiche deine Ergebnisse mit den Lösungen auf scook.de. ▶ Code, S. 1

Vocabulaire

1 **Voilà la famille de Nathan. Qui est qui ? Complète.**

Marie-Claire est la ____________ de Nathan. Elle a deux enfants : ____________ (l'____________ de Nathan) et ____________ (la ____________ de Nathan).

Pierre est le ____________ de Nathan. Le ____________ de Nathan s'appelle Mathis et sa ____________ s'appelle Lilou. La ____________ de Nathan, c'est Aurélie.

Est-ce que und *qu'est-ce que*

2 **Adam pose des questions à Claire. Relie. | Adam lernt Claire kennen und stellt ihr Fragen. Welche? Verbinde.**

– Est-ce que … •
– Qu'est-ce que … •

• … tu habites près d'ici ? – Oui, regarde, j'habite là !
• … tu regardes là ? – Je regarde une vidéo.
• … c'est ? – C'est une pâtisserie de ma tante.
• … vous avez un animal ? – Oui, nous avons deux lapins.
• … tu aimes le noir ? – Non. Moi, j'aime le rouge.
• … tu aimes dans ton quartier ? – J'aime la Coulée verte.

Die Possessivbegleiter

3 **Complète l'article du magazine Magajeunes.** | **Vervollständige den Artikel der Zeitschrift *Magajeunes* mit den Possessivbegleitern *mon/ton/son*. Achte auf die Angleichung.**

Comment ça va, dans ______ famille ?

1 Chez moi, ça va ! J'habite près de Paris avec ______ mère et ______ arrière-grand-mère. ______ père habite à Strasbourg avec ______ copine.

2 Salut la rédaction ! ______ mère est super et avec ______ demi-sœurs, ça va aussi. Mais ______ beau-père a un chat. Le problème : ______ chat habite avec nous et moi, j'ai une allergie ! Alors, pour moi, c'est l'horreur !

Verben auf *-er*, *être* und *avoir*

4 **Entoure la forme correcte du verbe.** | **Adam und Claire lernen sich weiter kennen. Kreise die jeweils richtige Verbform ein.**

Adam : Tu es / as quel âge ?
Claire : J'ai / Je suis 14 ans. Et toi et ton frère ?
Adam : Nous avons / sommes 14 ans aussi.
Claire : Ton frère et toi, vous êtes / sont dans la même classe ?
Adam : Oui, nous sont / sommes dans la même classe. Tes parents habitent / habitons ensemble ?
Claire : Non, ils ont / sont séparés. J'habites / habite ici avec ma mère et ma sœur.
Adam : Tes copains et toi, vous regardez / regarder souvent des vidéos ensemble ?
Claire : Non, mais nous écoutons / écoutent de la musique ensemble.

C-Test : Cocktail

5 **Emma t'écrit un mail. Complète le texte.** | **Emma schreibt dir eine Mail. Vervollständige den Text.**

Salut ! Je m'appelle Emma et j'ai 13 ans. Dans m___ famille, i___ y a mes par______, ma sœ______, mon fr______ et m______. Il y a au______ mon ch______ ! Il s'ap______ Isidor et i___ est su______ chou. Est______ que t___ as au______ un ani______ ? No______ habitons à Rennes, e___ Bretagne. Le week______, nous som______ souvent à Dinan ch______ mes grands-______. Ils so______ super sy______. Moi, j'ai______ les week______ à Dinan ! Et t______, qu'e______ que t___ fais l___ week-end ? Rac______ ! À plus ! Emma

Lösungen ▶ Code, S. 1

Module 2 : En cours de français

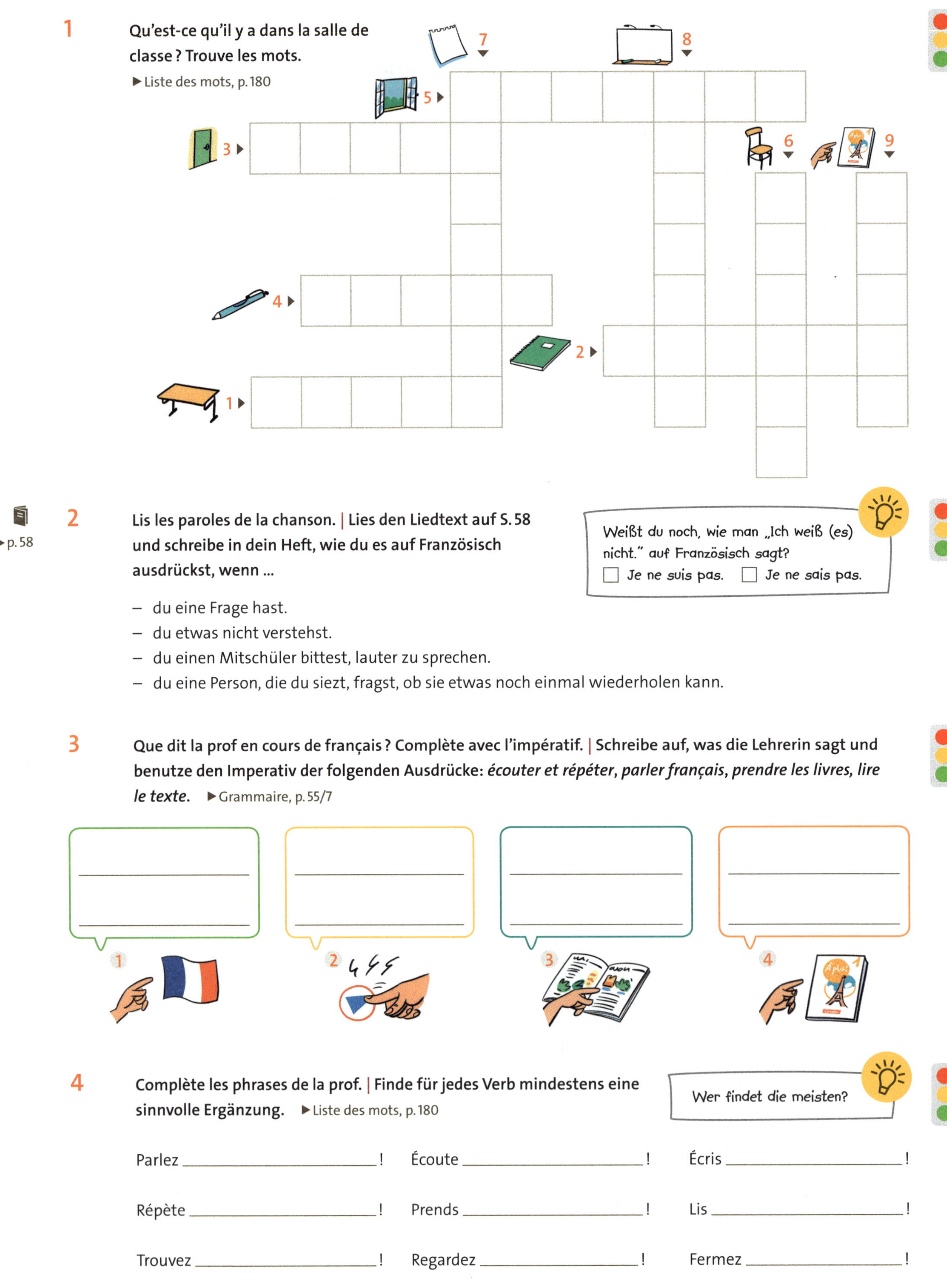

1 **Qu'est-ce qu'il y a dans la salle de classe ? Trouve les mots.**
▶ Liste des mots, p. 180

▶ p. 58

2 **Lis les paroles de la chanson. | Lies den Liedtext auf S. 58 und schreibe in dein Heft, wie du es auf Französisch ausdrückst, wenn …**

- du eine Frage hast.
- du etwas nicht verstehst.
- du einen Mitschüler bittest, lauter zu sprechen.
- du eine Person, die du siezt, fragst, ob sie etwas noch einmal wiederholen kann.

Weißt du noch, wie man „Ich weiß (es) nicht." auf Französisch sagt?
☐ Je ne suis pas. ☐ Je ne sais pas.

3 **Que dit la prof en cours de français ? Complète avec l'impératif. | Schreibe auf, was die Lehrerin sagt und benutze den Imperativ der folgenden Ausdrücke: *écouter et répéter, parler français, prendre les livres, lire le texte.*** ▶ Grammaire, p. 55/7

1 ____________________
2 ____________________
3 ____________________
4 ____________________

4 **Complète les phrases de la prof. | Finde für jedes Verb mindestens eine sinnvolle Ergänzung.** ▶ Liste des mots, p. 180

Wer findet die meisten?

Parlez ________________ !	Écoute ________________ !	Écris ________________ !
Répète ________________ !	Prends ________________ !	Lis ________________ !
Trouvez ________________ !	Regardez ________________ !	Fermez ________________ !

Unité 3

Vocabulaire : La chambre

1 **Qu'est-ce qu'il y a dans la chambre de Paul ? Retrouve les noms et utilise *un* ou *une*. | Ordne die Worthälften zu und schreibe die Wörter mit dem unbestimmten Artikel *un* oder *une* auf.** ▶ Liste des mots, p. 189

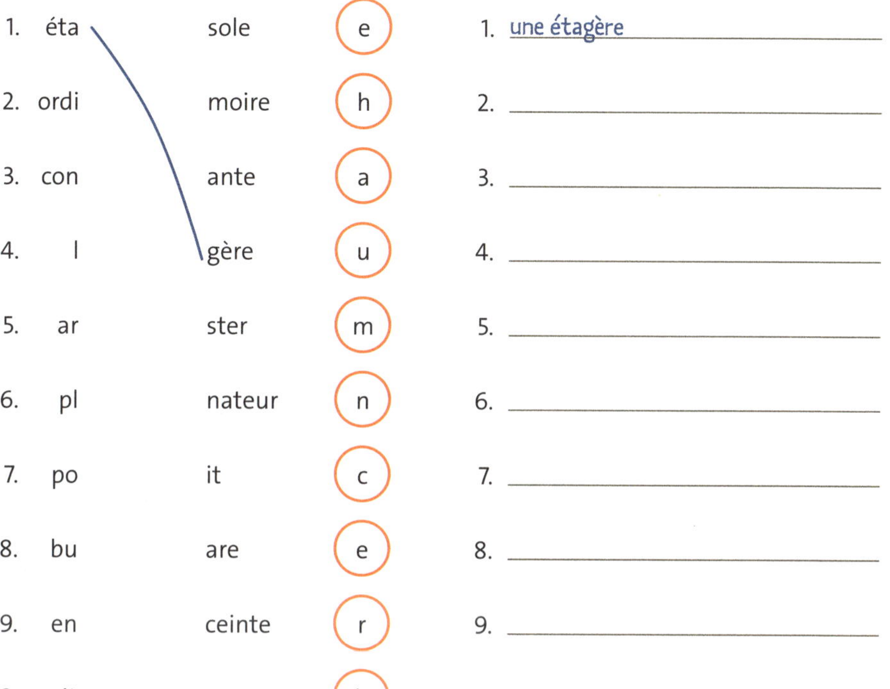

1. éta	sole	e	1.	une étagère
2. ordi	moire	h	2.	
3. con	ante	a	3.	
4. l	gère	u	4.	
5. ar	ster	m	5.	
6. pl	nateur	n	6.	
7. po	it	c	7.	
8. bu	are	e	8.	
9. en	ceinte	r	9.	
10. guit	reau	b	10.	

Lösungswort:

u _ _ _ _ _ _ _ _ _

Die Buchstaben hinter den zweiten Worthälften ergeben ein Lösungswort mit unbestimmtem Artikel. So siehst du, ob du alles richtig zugeordnet hast.

2 **a** **Charlotte a un problème. Écoute et note. | Charlotte hat ihr Französischbuch bei ihrer Freundin Louise vergessen. Sie ruft sie an. Hör zu und finde heraus, wo Charlottes Französischbuch sich befindet.**

Le livre de français de Charlotte est ______________________________.

b **Écoute encore une fois et indique où sont les affaires de Louise. | Hör noch einmal und zeichne mit Pfeilen an, wo sich die genannten Dinge befinden.**

Vocabulaire et expression

1 a Où est Léonie ? | Hör zu und schreibe auf, in welchem Raum Léonie gerade ist. Nutze den bestimmten Artikel *le*/*la*/*l'*.

Achte auf die Geräusche. Sie helfen dir herauszubekommen, wo Léonie ist.

Léonie est dans :

1. ______________________ 3. ______________________

2. ______________________ 4. ______________________

b Retrouve le nom de deux autres pièces et écris-les avec l'article défini *le*/*la*/*les*. | Finde die Bezeichnung für zwei weitere Räume und schreibe sie auf.

______________________ ______________________

2 a Voilà des expressions pour présenter un appartement. | Dein französischer Austauschpartner stellt dir seine Wohnung in einem Rätseltext vor. Knacke den Code und schreibe die Redewendungen auf.

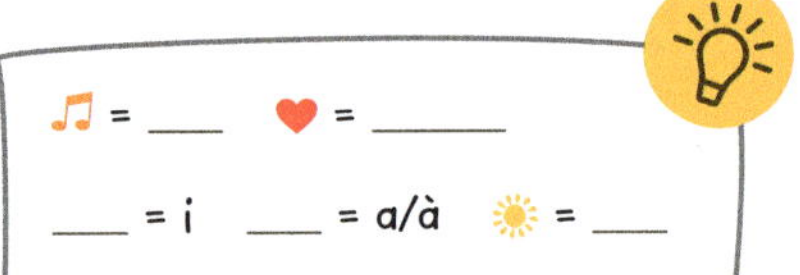

1. B🍃♥nv♥n☀♥ ch♥z m♫🍃.

____

2. 🐟☀j♫☀rd'h☀🍃, ♫n v🍃s🍃t♥ m♫n 🐟pp🐟rt♥m♥nt.

____

3. V♫🍃l🐟 l🐟 ch🐟mbr♥ d♥ m♫n fr♥r♥.

____

4. ♥ntr♥ l🐟 c☀🍃s🍃n♥ ♥t l♥ s🐟l♫n, 🍃l y 🐟 l🐟 s🐟ll♥ d♥ b🐟🍃ns.

____

5. M🐟 ch🐟mbr♥ ♥st m♫n ♥ndr♫🍃t pr♥f♥r♥ p♫☀r r♥v♥r.

____

b Écoute et répète. | Hör dir die Sätze von a an und sprich sie nach. Verbessere deine Lösung von a, falls nötig.

S'entraîner

☆ **3 a Relie ce qui va ensemble. | Um zu beschreiben, wo sich etwas befindet, brauchst du Präpositionen mit *de* und dem bestimmten Artikel. Was passt zusammen? Verbinde.** ▶ Grammaire, p. 80/1

			salon
	à côté	de l'	cuisine
Ma chambre est	en face	du	entrée
Les toilettes sont	à droite	des	toilettes
	à gauche	de la	salle de bains
			chambre de __

b À toi. Dans ton appartement, où est ta chambre ? Où est la cuisine ? Et où sont les toilettes ? Utilise des expressions de a. Écris dans ton cahier.

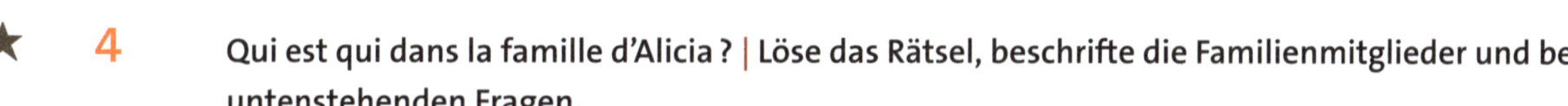

★ **4 Qui est qui dans la famille d'Alicia ? | Löse das Rätsel, beschrifte die Familienmitglieder und beantworte die untenstehenden Fragen.**

Voilà la famille d'Alicia. Il y a Alicia, Anna, Rose et Léona. Alicia est à droite de sa tante et à gauche de sa mère, Anna. Anna est entre ses deux filles. Rose est en face de sa sœur et à gauche d'Alicia. Alicia aime le jaune.

1. – Où est Léona ? – Elle est ________________ Alicia et ________________ sa mère.
2. – Comment s'appelle la sœur d'Alicia ? – Elle s'appelle ________________________.
3. – Comment s'appelle la tante d'Alicia ? – ________________________________.

☆ **5 a Noé présente son quartier à ses amis de Blois. Retrouve les phrases et écris-les dans ton cahier. | Noé stellt seinen Freunden sein neues Viertel vor. Stelle die Sätze wieder her und schreibe sie in dein Heft.**

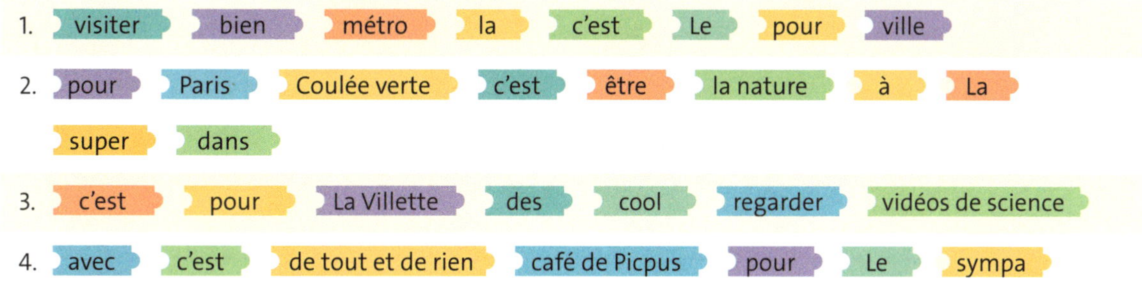

★ **b** **Et toi ? Parle de tes endroits préférés dans ton appartement / ton quartier / ta ville. Écris (au moins) cinq phrases.**

rêver • travailler • chatter • écouter de la musique • jouer • dessiner • __

Exemple : Ma chambre / Mon lit / Mon coin musique est mon endroit préféré pour rêver.

____

____

____

____

____

Écrire

6 **Regarde le dessin et décris la chambre de Julien.** | **Schau das Bild an und beschreibe Juliens Zimmer.**

▶ Méthodes, p. 157/23.1

____

____

____

____

____

____

____

____

Parler – Tandem

7 a **Imagine et dessine.** | **Du darfst dein Zimmer einrichten. Zeichne Möbelstücke ein. Du kannst auch verschiedene Gegenstände platzieren. Schreibe jeweils die passende französische Bezeichnung mit dem bestimmtem Artikel *le/la/l'/les* dazu.**

Möbelstücke: Bett • Schrank • Regal • Stuhl • Tisch • __

Gegenstände: Pflanze • Foto-/Musikecke • Poster • Gitarre • Computer • Bücher • Comics • __

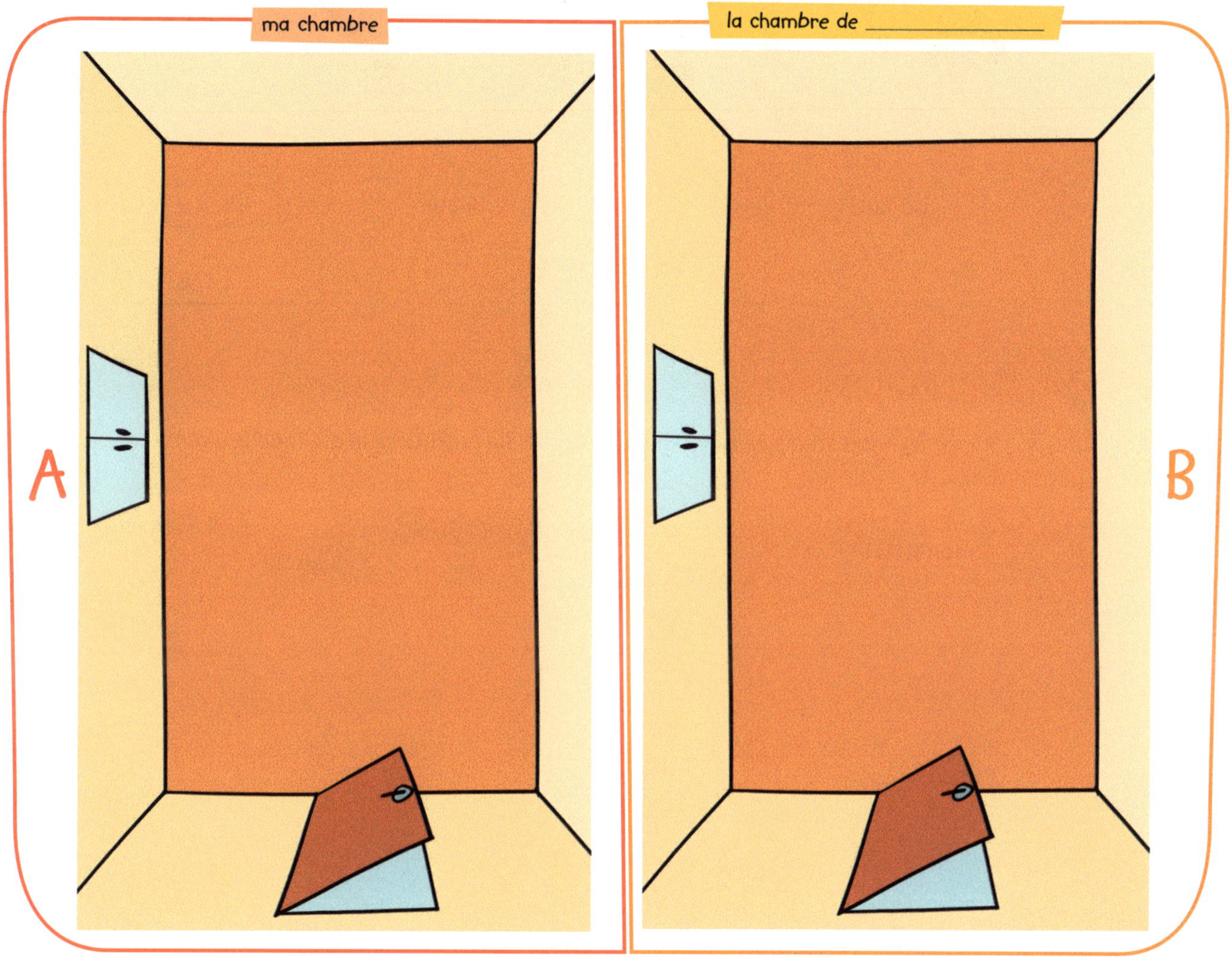

ma chambre

la chambre de ______________

A

B

b **Décrivez vos chambres.** | **Setzt euch Rücken an Rücken und entscheidet, wer A und wer B ist. A beschreibt sein/ihr Zimmer und B zeichnet ein, was ihm/ihr beschrieben wird. B kann auch Fragen stellen. Danach tauscht ihr die Rollen.**

A
Dans ma chambre,
il y a (aussi) un/une/des __.
Le/La/Mon/Ma __ est à droite/gauche
du __ et en face de la __.
Les/Mes __ sont sur/sous/__.

B
Où est le/la/l'__ ?
Où sont les __ ?
Qu'est-ce qu'il y a à gauche / à droite /
en face de la / du / des __ ?
Est-ce qu'il y a aussi un/une/des
__ dans ta chambre ?

c **Comparez et corrigez.** | **Vergleicht eure Zeichnungen miteinander und korrigiert, falls nötig.**

Lire et comprendre

▸ p. 70

1 Relis le texte. Qu'est-ce que les cinq amis aiment/font ? Note les numéros correspondants. | Lies den Text auf S. 70 noch einmal. Was interessiert die fünf Freunde? Notiere die entsprechenden Nummern.

Lili-Rose ______ Jeanne ______ Gabin ______ Idriss ______ Noé ______

Vocabulaire et expression

2 a Range les expressions dans le tableau. | Ordne die Ausdrücke in die Tabelle ein. ▸ Les mots pour le dire, p. 169/1.5

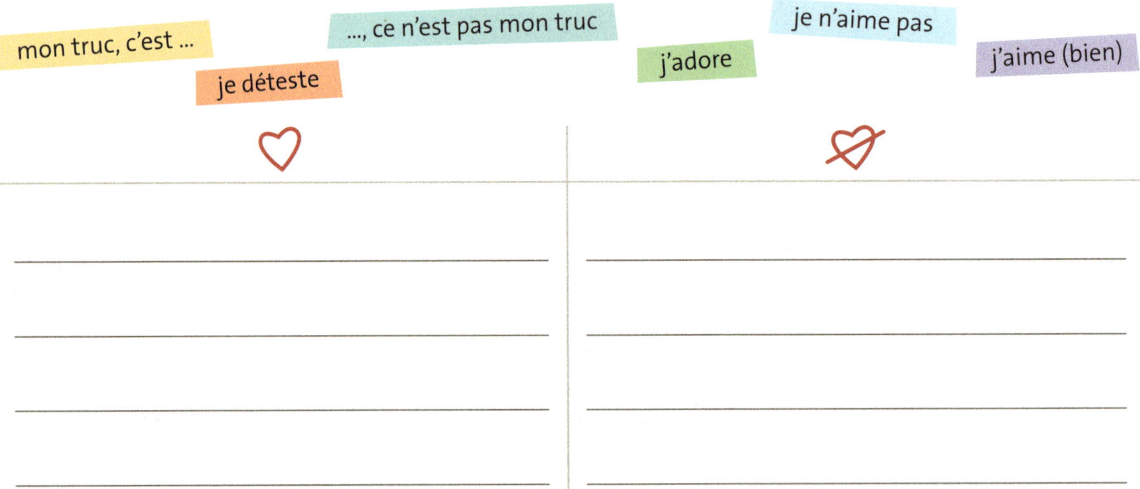

b Qu'est-ce tu aimes / tu n'aimes pas ? Écris cinq phrases avec les expressions de a. | Berichte über deine Vorlieben und deine Abneigungen. Schreibe fünf Sätze mit den Ausdrücken von a.

> Nach den Wendungen von a kannst du Nomen mit le/la/l'/les, mon/ma/mes oder ein Verb im Infinitiv anschließen.

1. ______.
2. ______.
3. ______.
4. ______.
5. ______.

S'entraîner

3 **Retrouve des formes du verbe *faire*. Écris-les. | Finde die Formen des Verbs *faire* wieder und schreibe sie an der richtigen Stelle auf.** ▶ Grammaire, p. 80/3

je ____________ nous ____________

tu ____________ vous ____________

il/elle/on ____________ ils/elles ____________

impératif : ____________, ____________, ____________.

☆ 4 a **Qu'est-ce que Lili-Rose et ses copains font comme activités ? Complète les phrases avec *du*, *de la*, *de l'* ou *des*.** ▶ Grammaire, p. 81/4

1. Lili-Rose fait ________ basket et ________ danse.
2. Gabin fait ________ arts martiaux.
3. Jeanne fait ________ piano et ________ guitare.
4. Noé fait ________ escalade.

b **Et toi ? Qu'est-ce que tu fais comme activités ?** ▶ Liste des mots, p. 183 ▶ Banque de mots, p. 166–167

Je fais ____.

★ 5 **Un jeune interviewe ses amis. Complète. Utilise *faire du / de la / de l' / des*.**

1. Est-ce que vous ____________ sport ou ________ musique?

2. Moi, je ____________ arts martiaux.

3. Et moi, je ____________ piano et ________ guitare.

4. Moi, je ____________ escalade.

5. Et mon amie et moi, nous ____________ foot.

6. Et nous, nous ____________ basket et ________ danse.

Écouter et comprendre

6 **Sarah se présente. Écoute et coche ou complète. | Sarah stellt sich vor. Hör zu und kreuze die richtigen Antworten an oder ergänze die Sätze.**

1. Sarah habite à ☐ Colmar. ☐ Paris. ☐ Strasbourg.
2. Elle n'aime pas : ☐ le chocolat. ☐ les tomates. ☐ les spaghettis.
3. Elle fait ☐ de la guitare. ☐ du basket et de la guitare. ☐ du basket et du théâtre.
4. Son endroit préféré c'est ______________________________;
   c'est cool pour ______________________________.

Écrire

★ **7** **Présente les jeunes. | Was mögen die zwei Jugendlichen (nicht)? Was machen sie in ihrer Freizeit? Stelle sie vor.** ► Grammaire, p. 81/4

____

____

____

____

Parler

8 **Choisis un/e jeune et prépare une présentation pour ton/ta partenaire. | Wähle eine/n Jugendliche/n aus. Denk dir aus, was er/sie (nicht) mag und bereite eine Präsentation für deine/n Partner/in vor.**

► Méthodes, p. 152/16

Vocabulaire et expression

▸ p. 73

1 **Comment est-ce qu'on dit cela en français ? Trouve les phrases dans le texte, p. 73.**

1. Wie drückt Jeanne aus, dass ihr Bett ihr Lieblingsort zum Träumen ist?

   ______________________________.

2. Wie drückt sie aus, dass auf ihrem Schreibtisch Chaos herrscht, es jedoch kein Problem ist?

   ______________________________.

3. Wie drückt Gabin aus, dass die *Légendaires* dieselbe Freizeitaktivität ausüben wie er?

   ______________________________.

4. Wie drückt er aus, dass an seiner Zimmertür ein Schild ist, dass seine Eltern und seine Brüder aber trotzdem hereinkommen?

   ______________________________.

Écouter et prononcer

2 **Écoute les phrases et répète-les. | Hör zu und sprich die Rückwärtsketten nach.**

Achte darauf, dass du alles „in einem Schwung" sagst (ohne abzusetzen) und nur die letzte Silbe betonst.

S'entraîner

☆ **3** a **Amalia et Fred ne sont pas d'accord. Fred dit toujours le contraire. Complète. Utilise *ne… pas*. | Amalia und Fred sind sich nicht einig. Fred sagt immer das Gegenteil. Ergänze. Verwende *ne… pas*.** ▸ Grammaire, p. 81/6

1. – Maman regarde la télé. – Mais non, elle ne regarde pas la télé !
2. – Papa est dans la salle de bains. – Mais non, il ______________________________
3. – Les copains de Tom travaillent ensemble. – ______________________________
4. – Les sœurs de Nico aiment le foot. – ______________________________
5. – Samedi, nous visitons le quartier. – ______________________________
6. – Je suis sympa. – ______________________________

b **Comparer les langues : Compare la négation en français et en allemand. | Vergleiche die Bildung der Verneinung im Französischen und im Deutschen sowie in anderen Sprachen, die du kannst. Was fällt dir auf? Schreibe in dein Heft.**

Jeanne ne rêve pas. → Jeanne träumt nicht.
Mon lit n'est pas grand. → Mein Bett ist nicht groß.

★ **4** **Regarde Idriss et note ce qu'il (ne) fait (pas/plus). | Was macht Idriss (nicht / nicht mehr)?**

▶ Grammaire, p. 81/6

Die Franzosen lassen bei der Verneinung in der Umgangssprache häufig das ne weg. Schreibe aber immer ne… pas/plus, um Fehler zu vermeiden.

5 a **Complète les pancartes par les légendes. Utilise l'impératif négatif. | Vervollständige die Schilder mit passenden Bildunterschriften. Verwende den verneinten Imperativ im Plural.**

N'entrez pas dans ma chambre.

________________ sur les tables.

________________ pendant le film !

________________ les devoirs devant la télé.

b **Imagine une pancarte comme en a. | Denke dir ein Schild wie in a aus.**

____

☆ **6 a À qui ou à quoi correspondent ces descriptions ? Raconte. | Auf welche Personen, Tiere oder Gegenstände aus deinem Leben treffen diese Beschreibungen zu? Erzähle.** ▶ Grammaire, p. 81/5

1. Il est chou. → C'est mon chien, Rudolph. ____
2. Elles sont blanches. → Ce sont les ____
3. Elle est petite. → ____
4. Il est noir. → ____
5. Ils sont sympa. → ____

★ **b À toi. Continue comme en a. Utilise des adjectifs et complète.** ▶ Grammaire, p. 81/5

1. Elle est ____. → ____
2. Elles sont ____. → ____
3. Il est ____. → ____
4. Ils sont ____. → ____
5. Elle est ____. → ____

7 Qu'est-ce que tu (n')aimes (pas) dans ta chambre ? Explique pourquoi. Utilise des adjectifs et *parce que*. | Was gefällt dir in deinem Zimmer (nicht)? Erkläre, warum (nicht).

joli • moche • drôle • sympa • super • cool • chou • design • petit • grand • blanc • noir • jaune • rouge • bleu • vert

Exemple : Moi, j'aime mon lit parce qu'il est cool et rouge. J'adore le rouge. J'aime aussi __. Mais je n'aime pas __ parce que __.

____.

____.

____.

____.

____.

____.

____.

____.

Médiation

8 Deine Cousine hat dir eine Mail geschrieben und bittet dich um Hilfe. Beantworte ihre Fragen mit einer Textnachricht. ▶ Méthodes, p. 159

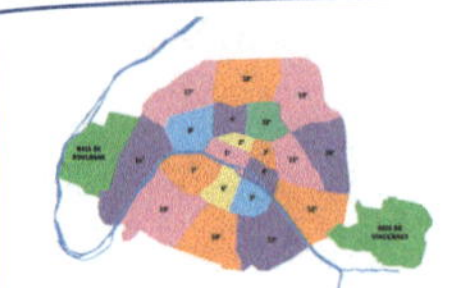

Paris ist in 20 Stadtbezirke (arrondissements) aufgeteilt. Sie sind spiralförmig angeordnet.

Betreff: Wohnung in Paris

Hey, du weißt doch, dass wir wegen Papas Arbeit für 1 Jahr nach Paris ziehen. Wir suchen gerade eine Wohnung mit 2 Schlafzimmern, am besten in Paris selbst. Und wenn möglich möbliert, mit einer separaten Toilette, die nicht im Badezimmer ist. Papa hat diese Wohnungsangebote über einen Kollegen bekommen, aber wir verstehen sie nicht. Du lernst doch Französisch, kannst du uns helfen??? Ist da was für uns dabei? Danke und bis bald, Mathilda

Paris 5e – Quartier Notre-Dame de Paris – Près du métro Maubert Mutualité

Très bel appartement de 3 pièces principales au 4e étage avec ascenseur. Le salon est en face de l'entrée : il est très grand. La vue donne sur la cour de l'immeuble, avec verdure. La cuisine est à côté du salon ; elle est indépendante et entièrement équipée. Une première chambre très grande est à gauche de l'entrée. À côté, vous trouvez les WC séparés et la salle de bains avec douche et baignoire. La 2e chambre, plus petite, est à droite de l'entrée. Il y a aussi un balcon / une terrasse. C'est à quelques mètres de la Seine, près de Notre-Dame de Paris et du quartier de Saint-Michel. Près des magasins et transports.

Surface de 69 m² – Année de construction 1900 – Loyer : 2.050 € / mois charges comprises

Appartvit vous présente un grand T3 de 62 m² au 2e étage dans le quartier des Batignolles. Dans l'entrée, vous découvrez la première chambre sur votre gauche. Elle est équipée d'un lit deux places et d'une grande armoire. Nous découvrons également la seconde chambre équipée d'un lit double et d'une armoire très design. Les deux chambres font environ 9 m². Dans la salle de bains, il y a des étagères et des placards de rangements, une grande douche, une machine à laver et un sèche-serviette. Ensuite, nous découvrons un grand salon de 22 m² avec canapé, table basse, une grande table et ses chaises et meubles de rangements. Enfin, vous trouvez la cuisine à côté toute équipée et très design. Dans le couloir vous trouvez aussi un petit meuble de rangement. Les toilettes sont séparées. Appartement complètement rénové. VOUS POUVEZ VISITER CET APPARTEMENT EN 360 + SUR APPARTVIT.
FRXY

Paris 17e – Métro Brochant – Année de construction 1900 – Loyer : 1.680 € / mois charges comprises

JOLI APPARTEMENT LUMINEUX ET CALME AVEC BELLE TERRASSE ACCESSIBLE DU SALON/SÉJOUR ET DE LA CUISINE ÉQUIPÉE. GRAND SÉJOUR AVEC GRANDES FENÊTRES, BELLE CUISINE, RANGEMENTS, PARQUET.

Dans un immeuble moderne sécurisé avec gardienne et interphone, au 5e étage avec ascenseur, l'appartement se compose d'une entrée, d'un grand salon/salle à manger, d'une cuisine séparée entièrement équipée, d'une chambre avec un grand lit, d'une salle de bains, de WC séparés. Le salon et la cuisine donnent accès au balcon. Nombreux rangements dans tout l'appartement. Internet déjà installé, abonnement inclus dans le loyer.

Loyer : 1620 euros CC

Métro Louis Blanc – 18e arrondissement

Jeu des familles

Famille PLAGE
la mère • le fils • la fille • le grand-père • la grand-mère

Famille PLAGE
la mère • le fils • la fille • le grand-père • la grand-mère

Famille PLAGE
la mère • le fils • la fille • le grand-père • la grand-mère

Famille PLAGE
la mère • le fils • la fille • le grand-père • la grand-mère

Famille PLAGE
la mère • le fils • la fille • le grand-père • la grand-mère

Famille SCIENCES
le père • la mère • le fils • la fille • le grand-père

Famille SCIENCES
le père • la mère • le fils • la fille • le grand-père

Famille SCIENCES
le père • la mère • le fils • la fille • le grand-père

Famille SCIENCES
le père • la mère • le fils • la fille • le grand-père

Famille SCIENCES
le père • la mère • le fils • la fille • le grand-père

Famille CHIC
le père • la mère • le fils • la fille • la grand-mère

Famille CHIC
le père • la mère • le fils • la fille • la grand-mère

Famille CHIC
le père • la mère • le fils • la fille • la grand-mère

Famille CHIC
le père • la mère • le fils • la fille • la grand-mère

Famille CHIC
le père • la mère • le fils • la fille • la grand-mère

Famille TROPICALE
le père • la mère • la fille • le grand-père • la grand-mère

Famille TROPICALE
le père • la mère • la fille • le grand-père • la grand-mère

Famille TROPICALE
le père • la mère • la fille • le grand-père • la grand-mère

Famille TROPICALE
le père • la mère • la fille • le grand-père • la grand-mère

Famille TROPICALE
le père • la mère • la fille • le grand-père • la grand-mère

JEU DES FAMILLES | JEU DES FAMILLES | JEU DES FAMILLES | JEU DES FAMILLES | JEU DES FAMILLES | JEU DES FAMILLES | JEU DES FAMILLES | JEU DES FAMILLES
JEU DES FAMILLES | JEU DES FAMILLES | JEU DES FAMILLES | JEU DES FAMILLES | JEU DES FAMILLES | JEU DES FAMILLES | JEU DES FAMILLES | JEU DES FAMILLES
JEU DES FAMILLES | JEU DES FAMILLES | JEU DES FAMILLES | JEU DES FAMILLES | JEU DES FAMILLES | JEU DES FAMILLES | JEU DES FAMILLES | JEU DES FAMILLES
JEU DES FAMILLES | JEU DES FAMILLES | JEU DES FAMILLES | JEU DES FAMILLES | JEU DES FAMILLES | JEU DES FAMILLES | JEU DES FAMILLES | JEU DES FAMILLES
JEU DES FAMILLES | JEU DES FAMILLES | JEU DES FAMILLES | JEU DES FAMILLES | JEU DES FAMILLES | JEU DES FAMILLES | JEU DES FAMILLES | JEU DES FAMILLES
JEU DES FAMILLES | JEU DES FAMILLES | JEU DES FAMILLES | JEU DES FAMILLES | JEU DES FAMILLES | JEU DES FAMILLES | JEU DES FAMILLES | JEU DES FAMILLES
JEU DES FAMILLES | JEU DES FAMILLES | JEU DES FAMILLES | JEU DES FAMILLES | JEU DES FAMILLES | JEU DES FAMILLES | JEU DES FAMILLES | JEU DES FAMILLES
JEU DES FAMILLES | JEU DES FAMILLES | JEU DES FAMILLES | JEU DES FAMILLES | JEU DES FAMILLES | JEU DES FAMILLES | JEU DES FAMILLES | JEU DES FAMILLES
JEU DES FAMILLES | JEU DES FAMILLES | JEU DES FAMILLES | JEU DES FAMILLES | JEU DES FAMILLES | JEU DES FAMILLES | JEU DES FAMILLES | JEU DES FAMILLES
JEU DES FAMILLES | JEU DES FAMILLES | JEU DES FAMILLES | JEU DES FAMILLES | JEU DES FAMILLES | JEU DES FAMILLES | JEU DES FAMILLES | JEU DES FAMILLES
JEU DES FAMILLES | JEU DES FAMILLES | JEU DES FAMILLES | JEU DES FAMILLES | JEU DES FAMILLES | JEU DES FAMILLES | JEU DES FAMILLES | JEU DES FAMILLES
JEU DES FAMILLES | JEU DES FAMILLES | JEU DES FAMILLES | JEU DES FAMILLES | JEU DES FAMILLES | JEU DES FAMILLES | JEU DES FAMILLES | JEU DES FAMILLES
JEU DES FAMILLES | JEU DES FAMILLES | JEU DES FAMILLES | JEU DES FAMILLES | JEU DES FAMILLES | JEU DES FAMILLES | JEU DES FAMILLES | JEU DES FAMILLES
JEU DES FAMILLES | JEU DES FAMILLES | JEU DES FAMILLES | JEU DES FAMILLES | JEU DES FAMILLES | JEU DES FAMILLES | JEU DES FAMILLES | JEU DES FAMILLES
JEU DES FAMILLES | JEU DES FAMILLES | JEU DES FAMILLES | JEU DES FAMILLES | JEU DES FAMILLES | JEU DES FAMILLES | JEU DES FAMILLES | JEU DES FAMILLES
JEU DES FAMILLES | JEU DES FAMILLES | JEU DES FAMILLES | JEU DES FAMILLES | JEU DES FAMILLES | JEU DES FAMILLES | JEU DES FAMILLES | JEU DES FAMILLES
JEU DES FAMILLES | JEU DES FAMILLES | JEU DES FAMILLES | JEU DES FAMILLES | JEU DES FAMILLES | JEU DES FAMILLES | JEU DES FAMILLES | JEU DES FAMILLES
JEU DES FAMILLES | JEU DES FAMILLES | JEU DES FAMILLES | JEU DES FAMILLES | JEU DES FAMILLES | JEU DES FAMILLES | JEU DES FAMILLES | JEU DES FAMILLES
JEU DES FAMILLES | JEU DES FAMILLES | JEU DES FAMILLES | JEU DES FAMILLES | JEU DES FAMILLES | JEU DES FAMILLES | JEU DES FAMILLES | JEU DES FAMILLES
JEU DES FAMILLES | JEU DES FAMILLES | JEU DES FAMILLES | JEU DES FAMILLES | JEU DES FAMILLES | JEU DES FAMILLES | JEU DES FAMILLES | JEU DES FAMILLES
JEU DES FAMILLES | JEU DES FAMILLES | JEU DES FAMILLES | JEU DES FAMILLES | JEU DES FAMILLES | JEU DES FAMILLES | JEU DES FAMILLES | JEU DES FAMILLES

JEU DES FAMILLES | JEU DES FAMILLES | JEU DES FAMILLES | JEU DES FAMILLES | JEU DES FAMILLES | JEU DES FAMILLES | JEU DES FAMILLES | JEU DES FAMILLES
JEU DES FAMILLES | JEU DES FAMILLES | JEU DES FAMILLES | JEU DES FAMILLES | JEU DES FAMILLES | JEU DES FAMILLES | JEU DES FAMILLES | JEU DES FAMILLES
JEU DES FAMILLES | JEU DES FAMILLES | JEU DES FAMILLES | JEU DES FAMILLES | JEU DES FAMILLES | JEU DES FAMILLES | JEU DES FAMILLES | JEU DES FAMILLES
JEU DES FAMILLES | JEU DES FAMILLES | JEU DES FAMILLES | JEU DES FAMILLES | JEU DES FAMILLES | JEU DES FAMILLES | JEU DES FAMILLES | JEU DES FAMILLES
JEU DES FAMILLES | JEU DES FAMILLES | JEU DES FAMILLES | JEU DES FAMILLES | JEU DES FAMILLES | JEU DES FAMILLES | JEU DES FAMILLES | JEU DES FAMILLES
JEU DES FAMILLES | JEU DES FAMILLES | JEU DES FAMILLES | JEU DES FAMILLES | JEU DES FAMILLES | JEU DES FAMILLES | JEU DES FAMILLES | JEU DES FAMILLES
JEU DES FAMILLES | JEU DES FAMILLES | JEU DES FAMILLES | JEU DES FAMILLES | JEU DES FAMILLES | JEU DES FAMILLES | JEU DES FAMILLES | JEU DES FAMILLES
JEU DES FAMILLES | JEU DES FAMILLES | JEU DES FAMILLES | JEU DES FAMILLES | JEU DES FAMILLES | JEU DES FAMILLES | JEU DES FAMILLES | JEU DES FAMILLES
JEU DES FAMILLES | JEU DES FAMILLES | JEU DES FAMILLES | JEU DES FAMILLES | JEU DES FAMILLES | JEU DES FAMILLES | JEU DES FAMILLES | JEU DES FAMILLES
JEU DES FAMILLES | JEU DES FAMILLES | JEU DES FAMILLES | JEU DES FAMILLES | JEU DES FAMILLES | JEU DES FAMILLES | JEU DES FAMILLES | JEU DES FAMILLES
JEU DES FAMILLES | JEU DES FAMILLES | JEU DES FAMILLES | JEU DES FAMILLES | JEU DES FAMILLES | JEU DES FAMILLES | JEU DES FAMILLES | JEU DES FAMILLES
JEU DES FAMILLES | JEU DES FAMILLES | JEU DES FAMILLES | JEU DES FAMILLES | JEU DES FAMILLES | JEU DES FAMILLES | JEU DES FAMILLES | JEU DES FAMILLES
JEU DES FAMILLES | JEU DES FAMILLES | JEU DES FAMILLES | JEU DES FAMILLES | JEU DES FAMILLES | JEU DES FAMILLES | JEU DES FAMILLES | JEU DES FAMILLES
JEU DES FAMILLES | JEU DES FAMILLES | JEU DES FAMILLES | JEU DES FAMILLES | JEU DES FAMILLES | JEU DES FAMILLES | JEU DES FAMILLES | JEU DES FAMILLES
JEU DES FAMILLES | JEU DES FAMILLES | JEU DES FAMILLES | JEU DES FAMILLES | JEU DES FAMILLES | JEU DES FAMILLES | JEU DES FAMILLES | JEU DES FAMILLES
JEU DES FAMILLES | JEU DES FAMILLES | JEU DES FAMILLES | JEU DES FAMILLES | JEU DES FAMILLES | JEU DES FAMILLES | JEU DES FAMILLES | JEU DES FAMILLES
JEU DES FAMILLES | JEU DES FAMILLES | JEU DES FAMILLES | JEU DES FAMILLES | JEU DES FAMILLES | JEU DES FAMILLES | JEU DES FAMILLES | JEU DES FAMILLES
JEU DES FAMILLES | JEU DES FAMILLES | JEU DES FAMILLES | JEU DES FAMILLES | JEU DES FAMILLES | JEU DES FAMILLES | JEU DES FAMILLES | JEU DES FAMILLES
JEU DES FAMILLES | JEU DES FAMILLES | JEU DES FAMILLES | JEU DES FAMILLES | JEU DES FAMILLES | JEU DES FAMILLES | JEU DES FAMILLES | JEU DES FAMILLES
JEU DES FAMILLES | JEU DES FAMILLES | JEU DES FAMILLES | JEU DES FAMILLES | JEU DES FAMILLES | JEU DES FAMILLES | JEU DES FAMILLES | JEU DES FAMILLES
JEU DES FAMILLES | JEU DES FAMILLES | JEU DES FAMILLES | JEU DES FAMILLES | JEU DES FAMILLES | JEU DES FAMILLES | JEU DES FAMILLES | JEU DES FAMILLES

JEU DES FAMILLES | JEU DES FAMILLES | JEU DES FAMILLES | JEU DES FAMILLES | JEU DES FAMILLES | JEU DES FAMILLES | JEU DES FAMILLES | JEU DES FAMILLES
JEU DES FAMILLES | JEU DES FAMILLES | JEU DES FAMILLES | JEU DES FAMILLES | JEU DES FAMILLES | JEU DES FAMILLES | JEU DES FAMILLES | JEU DES FAMILLES
JEU DES FAMILLES | JEU DES FAMILLES | JEU DES FAMILLES | JEU DES FAMILLES | JEU DES FAMILLES | JEU DES FAMILLES | JEU DES FAMILLES | JEU DES FAMILLES
JEU DES FAMILLES | JEU DES FAMILLES | JEU DES FAMILLES | JEU DES FAMILLES | JEU DES FAMILLES | JEU DES FAMILLES | JEU DES FAMILLES | JEU DES FAMILLES
JEU DES FAMILLES | JEU DES FAMILLES | JEU DES FAMILLES | JEU DES FAMILLES | JEU DES FAMILLES | JEU DES FAMILLES | JEU DES FAMILLES | JEU DES FAMILLES
JEU DES FAMILLES | JEU DES FAMILLES | JEU DES FAMILLES | JEU DES FAMILLES | JEU DES FAMILLES | JEU DES FAMILLES | JEU DES FAMILLES | JEU DES FAMILLES
JEU DES FAMILLES | JEU DES FAMILLES | JEU DES FAMILLES | JEU DES FAMILLES | JEU DES FAMILLES | JEU DES FAMILLES | JEU DES FAMILLES | JEU DES FAMILLES
JEU DES FAMILLES | JEU DES FAMILLES | JEU DES FAMILLES | JEU DES FAMILLES | JEU DES FAMILLES | JEU DES FAMILLES | JEU DES FAMILLES | JEU DES FAMILLES
JEU DES FAMILLES | JEU DES FAMILLES | JEU DES FAMILLES | JEU DES FAMILLES | JEU DES FAMILLES | JEU DES FAMILLES | JEU DES FAMILLES | JEU DES FAMILLES
JEU DES FAMILLES | JEU DES FAMILLES | JEU DES FAMILLES | JEU DES FAMILLES | JEU DES FAMILLES | JEU DES FAMILLES | JEU DES FAMILLES | JEU DES FAMILLES
JEU DES FAMILLES | JEU DES FAMILLES | JEU DES FAMILLES | JEU DES FAMILLES | JEU DES FAMILLES | JEU DES FAMILLES | JEU DES FAMILLES | JEU DES FAMILLES
JEU DES FAMILLES | JEU DES FAMILLES | JEU DES FAMILLES | JEU DES FAMILLES | JEU DES FAMILLES | JEU DES FAMILLES | JEU DES FAMILLES | JEU DES FAMILLES
JEU DES FAMILLES | JEU DES FAMILLES | JEU DES FAMILLES | JEU DES FAMILLES | JEU DES FAMILLES | JEU DES FAMILLES | JEU DES FAMILLES | JEU DES FAMILLES
JEU DES FAMILLES | JEU DES FAMILLES | JEU DES FAMILLES | JEU DES FAMILLES | JEU DES FAMILLES | JEU DES FAMILLES | JEU DES FAMILLES | JEU DES FAMILLES
JEU DES FAMILLES | JEU DES FAMILLES | JEU DES FAMILLES | JEU DES FAMILLES | JEU DES FAMILLES | JEU DES FAMILLES | JEU DES FAMILLES | JEU DES FAMILLES
JEU DES FAMILLES | JEU DES FAMILLES | JEU DES FAMILLES | JEU DES FAMILLES | JEU DES FAMILLES | JEU DES FAMILLES | JEU DES FAMILLES | JEU DES FAMILLES
JEU DES FAMILLES | JEU DES FAMILLES | JEU DES FAMILLES | JEU DES FAMILLES | JEU DES FAMILLES | JEU DES FAMILLES | JEU DES FAMILLES | JEU DES FAMILLES
JEU DES FAMILLES | JEU DES FAMILLES | JEU DES FAMILLES | JEU DES FAMILLES | JEU DES FAMILLES | JEU DES FAMILLES | JEU DES FAMILLES | JEU DES FAMILLES
JEU DES FAMILLES | JEU DES FAMILLES | JEU DES FAMILLES | JEU DES FAMILLES | JEU DES FAMILLES | JEU DES FAMILLES | JEU DES FAMILLES | JEU DES FAMILLES
JEU DES FAMILLES | JEU DES FAMILLES | JEU DES FAMILLES | JEU DES FAMILLES | JEU DES FAMILLES | JEU DES FAMILLES | JEU DES FAMILLES | JEU DES FAMILLES
JEU DES FAMILLES | JEU DES FAMILLES | JEU DES FAMILLES | JEU DES FAMILLES | JEU DES FAMILLES | JEU DES FAMILLES | JEU DES FAMILLES | JEU DES FAMILLES

JEU DES FAMILLES | JEU DES FAMILLES | JEU DES FAMILLES | JEU DES FAMILLES | JEU DES FAMILLES | JEU DES FAMILLES | JEU DES FAMILLES | JEU DES FAMILLES
JEU DES FAMILLES | JEU DES FAMILLES | JEU DES FAMILLES | JEU DES FAMILLES | JEU DES FAMILLES | JEU DES FAMILLES | JEU DES FAMILLES | JEU DES FAMILLES
JEU DES FAMILLES | JEU DES FAMILLES | JEU DES FAMILLES | JEU DES FAMILLES | JEU DES FAMILLES | JEU DES FAMILLES | JEU DES FAMILLES | JEU DES FAMILLES
JEU DES FAMILLES | JEU DES FAMILLES | JEU DES FAMILLES | JEU DES FAMILLES | JEU DES FAMILLES | JEU DES FAMILLES | JEU DES FAMILLES | JEU DES FAMILLES
JEU DES FAMILLES | JEU DES FAMILLES | JEU DES FAMILLES | JEU DES FAMILLES | JEU DES FAMILLES | JEU DES FAMILLES | JEU DES FAMILLES | JEU DES FAMILLES
JEU DES FAMILLES | JEU DES FAMILLES | JEU DES FAMILLES | JEU DES FAMILLES | JEU DES FAMILLES | JEU DES FAMILLES | JEU DES FAMILLES | JEU DES FAMILLES
JEU DES FAMILLES | JEU DES FAMILLES | JEU DES FAMILLES | JEU DES FAMILLES | JEU DES FAMILLES | JEU DES FAMILLES | JEU DES FAMILLES | JEU DES FAMILLES
JEU DES FAMILLES | JEU DES FAMILLES | JEU DES FAMILLES | JEU DES FAMILLES | JEU DES FAMILLES | JEU DES FAMILLES | JEU DES FAMILLES | JEU DES FAMILLES
JEU DES FAMILLES | JEU DES FAMILLES | JEU DES FAMILLES | JEU DES FAMILLES | JEU DES FAMILLES | JEU DES FAMILLES | JEU DES FAMILLES | JEU DES FAMILLES
JEU DES FAMILLES | JEU DES FAMILLES | JEU DES FAMILLES | JEU DES FAMILLES | JEU DES FAMILLES | JEU DES FAMILLES | JEU DES FAMILLES | JEU DES FAMILLES
JEU DES FAMILLES | JEU DES FAMILLES | JEU DES FAMILLES | JEU DES FAMILLES | JEU DES FAMILLES | JEU DES FAMILLES | JEU DES FAMILLES | JEU DES FAMILLES
JEU DES FAMILLES | JEU DES FAMILLES | JEU DES FAMILLES | JEU DES FAMILLES | JEU DES FAMILLES | JEU DES FAMILLES | JEU DES FAMILLES | JEU DES FAMILLES
JEU DES FAMILLES | JEU DES FAMILLES | JEU DES FAMILLES | JEU DES FAMILLES | JEU DES FAMILLES | JEU DES FAMILLES | JEU DES FAMILLES | JEU DES FAMILLES
JEU DES FAMILLES | JEU DES FAMILLES | JEU DES FAMILLES | JEU DES FAMILLES | JEU DES FAMILLES | JEU DES FAMILLES | JEU DES FAMILLES | JEU DES FAMILLES
JEU DES FAMILLES | JEU DES FAMILLES | JEU DES FAMILLES | JEU DES FAMILLES | JEU DES FAMILLES | JEU DES FAMILLES | JEU DES FAMILLES | JEU DES FAMILLES
JEU DES FAMILLES | JEU DES FAMILLES | JEU DES FAMILLES | JEU DES FAMILLES | JEU DES FAMILLES | JEU DES FAMILLES | JEU DES FAMILLES | JEU DES FAMILLES
JEU DES FAMILLES | JEU DES FAMILLES | JEU DES FAMILLES | JEU DES FAMILLES | JEU DES FAMILLES | JEU DES FAMILLES | JEU DES FAMILLES | JEU DES FAMILLES
JEU DES FAMILLES | JEU DES FAMILLES | JEU DES FAMILLES | JEU DES FAMILLES | JEU DES FAMILLES | JEU DES FAMILLES | JEU DES FAMILLES | JEU DES FAMILLES
JEU DES FAMILLES | JEU DES FAMILLES | JEU DES FAMILLES | JEU DES FAMILLES | JEU DES FAMILLES | JEU DES FAMILLES | JEU DES FAMILLES | JEU DES FAMILLES
JEU DES FAMILLES | JEU DES FAMILLES | JEU DES FAMILLES | JEU DES FAMILLES | JEU DES FAMILLES | JEU DES FAMILLES | JEU DES FAMILLES | JEU DES FAMILLES
JEU DES FAMILLES | JEU DES FAMILLES | JEU DES FAMILLES | JEU DES FAMILLES | JEU DES FAMILLES | JEU DES FAMILLES | JEU DES FAMILLES | JEU DES FAMILLES

JEU DES FAMILLES | JEU DES FAMILLES | JEU DES FAMILLES | JEU DES FAMILLES | JEU DES FAMILLES | JEU DES FAMILLES | JEU DES FAMILLES | JEU DES FAMILLES
JEU DES FAMILLES | JEU DES FAMILLES | JEU DES FAMILLES | JEU DES FAMILLES | JEU DES FAMILLES | JEU DES FAMILLES | JEU DES FAMILLES | JEU DES FAMILLES
JEU DES FAMILLES | JEU DES FAMILLES | JEU DES FAMILLES | JEU DES FAMILLES | JEU DES FAMILLES | JEU DES FAMILLES | JEU DES FAMILLES | JEU DES FAMILLES
JEU DES FAMILLES | JEU DES FAMILLES | JEU DES FAMILLES | JEU DES FAMILLES | JEU DES FAMILLES | JEU DES FAMILLES | JEU DES FAMILLES | JEU DES FAMILLES
JEU DES FAMILLES | JEU DES FAMILLES | JEU DES FAMILLES | JEU DES FAMILLES | JEU DES FAMILLES | JEU DES FAMILLES | JEU DES FAMILLES | JEU DES FAMILLES
JEU DES FAMILLES | JEU DES FAMILLES | JEU DES FAMILLES | JEU DES FAMILLES | JEU DES FAMILLES | JEU DES FAMILLES | JEU DES FAMILLES | JEU DES FAMILLES
JEU DES FAMILLES | JEU DES FAMILLES | JEU DES FAMILLES | JEU DES FAMILLES | JEU DES FAMILLES | JEU DES FAMILLES | JEU DES FAMILLES | JEU DES FAMILLES
JEU DES FAMILLES | JEU DES FAMILLES | JEU DES FAMILLES | JEU DES FAMILLES | JEU DES FAMILLES | JEU DES FAMILLES | JEU DES FAMILLES | JEU DES FAMILLES
JEU DES FAMILLES | JEU DES FAMILLES | JEU DES FAMILLES | JEU DES FAMILLES | JEU DES FAMILLES | JEU DES FAMILLES | JEU DES FAMILLES | JEU DES FAMILLES
JEU DES FAMILLES | JEU DES FAMILLES | JEU DES FAMILLES | JEU DES FAMILLES | JEU DES FAMILLES | JEU DES FAMILLES | JEU DES FAMILLES | JEU DES FAMILLES
JEU DES FAMILLES | JEU DES FAMILLES | JEU DES FAMILLES | JEU DES FAMILLES | JEU DES FAMILLES | JEU DES FAMILLES | JEU DES FAMILLES | JEU DES FAMILLES
JEU DES FAMILLES | JEU DES FAMILLES | JEU DES FAMILLES | JEU DES FAMILLES | JEU DES FAMILLES | JEU DES FAMILLES | JEU DES FAMILLES | JEU DES FAMILLES
JEU DES FAMILLES | JEU DES FAMILLES | JEU DES FAMILLES | JEU DES FAMILLES | JEU DES FAMILLES | JEU DES FAMILLES | JEU DES FAMILLES | JEU DES FAMILLES
JEU DES FAMILLES | JEU DES FAMILLES | JEU DES FAMILLES | JEU DES FAMILLES | JEU DES FAMILLES | JEU DES FAMILLES | JEU DES FAMILLES | JEU DES FAMILLES
JEU DES FAMILLES | JEU DES FAMILLES | JEU DES FAMILLES | JEU DES FAMILLES | JEU DES FAMILLES | JEU DES FAMILLES | JEU DES FAMILLES | JEU DES FAMILLES
JEU DES FAMILLES | JEU DES FAMILLES | JEU DES FAMILLES | JEU DES FAMILLES | JEU DES FAMILLES | JEU DES FAMILLES | JEU DES FAMILLES | JEU DES FAMILLES
JEU DES FAMILLES | JEU DES FAMILLES | JEU DES FAMILLES | JEU DES FAMILLES | JEU DES FAMILLES | JEU DES FAMILLES | JEU DES FAMILLES | JEU DES FAMILLES
JEU DES FAMILLES | JEU DES FAMILLES | JEU DES FAMILLES | JEU DES FAMILLES | JEU DES FAMILLES | JEU DES FAMILLES | JEU DES FAMILLES | JEU DES FAMILLES
JEU DES FAMILLES | JEU DES FAMILLES | JEU DES FAMILLES | JEU DES FAMILLES | JEU DES FAMILLES | JEU DES FAMILLES | JEU DES FAMILLES | JEU DES FAMILLES
JEU DES FAMILLES | JEU DES FAMILLES | JEU DES FAMILLES | JEU DES FAMILLES | JEU DES FAMILLES | JEU DES FAMILLES | JEU DES FAMILLES | JEU DES FAMILLES
JEU DES FAMILLES | JEU DES FAMILLES | JEU DES FAMILLES | JEU DES FAMILLES | JEU DES FAMILLES | JEU DES FAMILLES | JEU DES FAMILLES | JEU DES FAMILLES

B

Mon portfolio de français

Mit deinem Portfolio kannst du deine Französischkenntnisse in den Bereichen Hören, Sprechen, Lesen, Schreiben und Landeskunde feststellen und deine Fortschritte in diesem Lernjahr selbstständig überprüfen. Schlage dein Portfolio hierzu am besten am Ende einer *Unité* auf, z. B. vor einer Klassenarbeit. Gehe die einzelnen Punkte durch und schätze dich selbst ein. ▶ nächste Seite

Je m'appelle ____________________

Je suis né(e) le ____________________

J'habite ____________________

Nom de mon collège ____________________

Année scolaire 20_______–_______

Nom de mon professeur / ma professeure de français ____________________

Je parle aussi

- ◯ allemand
- ◯ anglais
- ◯ polonais
- ◯ russe
- ◯ arabe
- ◯ turc
- ◯ italien
- ◯ croate
- ◯ kurde
- ◯ ____________
- ◯ ____________

Was ich schon über Frankreich und die französische Sprache weiß:

Hier kannst du deine Französischkenntnisse vom Vorkurs bis zum *Module 2* überprüfen. Wie gut kannst du diese Fertigkeiten? Male die entsprechenden Kästchen an: ◯ noch nicht ◐ ein bisschen ● gut.

Kommunikative Kompetenz

Hör/Hörsehverstehens

Ich kann ...
- ◯ Fragen über mich verstehen.
- ◯ jemanden verstehen, der sich vorstellt.
- ◯ Fragen über meine Familie und meine Freunde verstehen.
- ◯ jemanden verstehen, der seine Familie und seine Freunde vorstellt.
- ◯ Arbeitsanweisungen verstehen.

Schreiben

Ich kann ...
- ◯ auf eine Kurznachricht antworten.
- ◯ auf eine Mail antworten.
- ◯ einen Beitrag über meine Familie und meine Freunde für eine Jugendzeitschrift verfassen.
- ◯ mit Hilfe eines Modelltextes einen eigenen Text verfassen.

Sprechen

Ich kann ...
- ◯ jemanden begrüßen.
- ◯ mich verabschieden.
- ◯ sagen, wie es mir geht.
- ◯ sagen, was ich (nicht) mag.
- ◯ jemanden nach seinem Namen, Alter, Wohnort, Befinden fragen.
- ◯ meinen Wohnort beschreiben.
- ◯ mich und meine Familie vorstellen.

Lesen

Ich kann ...
- ◯ eine leichte Erzählung verstehen.
- ◯ eine Mail verstehen.
- ◯ eine Kurznachricht verstehen.
- ◯ einen Blogeintrag verstehen.
- ◯ eine Postkarte verstehen.
- ◯ einen Text mit Hilfe von Schlüsselwörtern und Bildern erschließen.
- ◯ unbekannte Wörter in einem (Online-) Wörterbuch nachschlagen.
- ◯ Arbeitsanweisungen in meinem Buch und meinem Arbeitsheft verstehen.

Interkulturelle Kompetenz

- ◯ Ich weiß, wie man sich in Frankreich begrüßt.
- ◯ Ich habe Sehenswürdigkeiten und bekannte Orte in Paris kennen gelernt.
- ◯ Ich weiß, wie man eine französische Adresse angibt.
- ◯ Ich kenne einige französische Städte.
- ◯ Ich weiß etwas über Guadeloupe.

Hier kannst du deine Französischkenntnisse von der *Unité 3* bis zum *Module 6* überprüfen. Wie gut kannst du diese Fertigkeiten? Male die entsprechenden Kästchen: ◯ noch nicht ◐ ein bisschen ● gut.

Kommunikative Kompetenz

Hör/Hörsehverstehens

Ich kann ...
- ◯ jemanden verstehen, der seine Wohnung und sein Zimmer beschreibt.
- ◯ jemanden verstehen, der seine Schule vorstellt.
- ◯ eine Sprachnachricht verstehen.
- ◯ einen Podcast verstehen.

Schreiben

Ich kann ...
- ◯ einen Text selbstständig korrigieren.
- ◯ eine Nacherzählung verfassen.
- ◯ mir beim Hören eines Textes Notizen machen.
- ◯ eine Geburtstagseinladung schreiben.
- ◯ eine Postkarte verfassen.

Sprechen

Ich kann ...
- ◯ meine Wohnung und mein Zimmer beschreiben.
- ◯ über meine Interessen und Hobbys reden.
- ◯ jemanden nach seinen Hobbys und Interessen fragen.
- ◯ mich verabreden.
- ◯ über meine Schule und meinen Schulalltag reden.
- ◯ etwas bewerten (loben und kritisieren).
- ◯ Vorschläge machen und auf Vorschläge reagieren.
- ◯ ein Einkaufsgespräch führen.
- ◯ über meine Ferienpläne reden.
- ◯ über das Wetter reden.

Lesen

Ich kann ...
- ◯ Arbeitsanweisungen in meinem Buch und meinem Arbeitsheft verstehen.
- ◯ eine Kurznachricht verstehen.
- ◯ eine Mail verstehen.
- ◯ eine Postkarte verstehen.
- ◯ Blogeinträge verstehen.
- ◯ eine leichte Erzählung verstehen.
- ◯ einen Stundenplan verstehen.
- ◯ eine Speisekarte verstehen.
- ◯ ein Rezept verstehen

Interkulturelle Kompetenz

- ◯ Ich habe etwas über französische Persönlichkeiten erfahren und weiß, warum sie berühmt sind.
- ◯ Ich habe etwas über einige französische Comics und Comicfiguren erfahren.
- ◯ Ich weiß etwas über die Schule in Frankreich.
- ◯ Ich kenne einige französische Spezialitäten.

Meine besonderen Tricks beim Französischlernen

So merke ich mir Wörter:

- ◯ Ich male ein Bild zu neuen Wörtern.
- ◯ Ich lerne mit der Wortliste im Schülerbuch.
- ◯ Ich lerne mit einer Vokabeltrainer-App.
- ◯ Ich überlege mir Gesten zu den neuen Wörtern.
- ◯ ____________________
- ◯ ____________________

So verbessere ich meine Aussprache:

- ◯ Ich höre regelmäßig die Hördateien und spreche die Wörter/Sätze nach.
- ◯ Ich singe die Lieder immer mit.
- ◯ Ich sehe oft die Wortschatzfilme in der Karaokeversion und spreche laut mit.
- ◯ Ich achte auf die Lautschrift in der Wortliste im Anhang des Schülerbuches.
- ◯ ____________________
- ◯ ____________________

So erschließe ich mir neue Texte:

- ◯ Ich lese sie zwei- bis dreimal durch.
- ◯ Ich achte zunächst auf Überschrift und Bilder und überlege mir, worum es gehen könnte.
- ◯ Ich suche zuerst nach Wörtern und Sätzen, die ich verstehe, und versuche dann, mir Unverständliches zu erschließen.
- ◯ Ich suche nach Wörtern, die ich aus anderen Sprachen kenne.
- ◯ ____________________
- ◯ ____________________

So wiederhole ich die Grammatik:

- ◯ Ich arbeite mit der Seite *Grammaire en contexte* im Schülerbuch.
- ◯ Ich formuliere die neuen Regeln mit meinen eigenen Worten.
- ◯ Ich merke mir die Lerntipps im Grammatikheft.
- ◯ Ich löse die Übungen der *Bilans* im Französischbuch und des *Fais le point* im Arbeitsheft.
- ◯ Ich löse die Förderübungen online.
- ◯ Ich löse die interaktiven Übungen online und überprüfe meinen Lernstand.
- ◯ Ich erkläre sie jemandem.
- ◯ ____________________
- ◯ ____________________

So korrigiere ich meine Texte:

- ◯ Ich überprüfe, ob ich mich an die Aufgabenstellung gehalten habe.
- ◯ Ich arbeite mit einer Fehlercheckliste.
- ◯ Wenn ich mir unsicher bin über die Schreibweise, die Bedeutung oder das Geschlecht eines Wortes, schlage ich im Anhang des Schülerbuches nach.
- ◯ ____________________

Jeu des familles

Famille LECHAT
le père • le fils • la fille • le grand-père • la grand-mère

Famille LECHAT
le père • le fils • la fille • le grand-père • la grand-mère

Famille LECHAT
le père • le fils • la fille • le grand-père • la grand-mère

Famille LECHAT
le père • le fils • la fille • le grand-père • la grand-mère

Famille LECHAT
le père • le fils • la fille • le grand-père • la grand-mère

Famille PIQUE-NIQUE
le père • la mère • le fils • la fille • la grand-mère

Famille PIQUE-NIQUE
le père • la mère • le fils • la fille • la grand-mère

Famille PIQUE-NIQUE
le père • la mère • le fils • la fille • la grand-mère

Famille PIQUE-NIQUE
le père • la mère • le fils • la fille • la grand-mère

Famille PIQUE-NIQUE
le père • la mère • le fils • la fille • la grand-mère

Famille SPORT
le père • le fils • la fille • le grand-père • la grand-mère

Famille SPORT
le père • le fils • la fille • le grand-père • la grand-mère

Famille SPORT
le père • le fils • la fille • le grand-père • la grand-mère

Famille SPORT
le père • le fils • la fille • le grand-père • la grand-mère

Famille SPORT
le père • le fils • la fille • le grand-père • la grand-mère

Famille MUSIQUE
le père • la mère • le fils • le grand-père • la grand-mère

Famille MUSIQUE
le père • la mère • le fils • le grand-père • la grand-mère

Famille MUSIQUE
le père • la mère • le fils • le grand-père • la grand-mère

Famille MUSIQUE
le père • la mère • le fils • le grand-père • la grand-mère

Famille MUSIQUE
le père • la mère • le fils • le grand-père • la grand-mère

JEU DES FAMILLES | JEU DES FAMILLES | JEU DES FAMILLES | JEU DES FAMILLES | JEU DES FAMILLES | JEU DES FAMILLES | JEU DES FAMILLES | JEU DES FAMILLES
JEU DES FAMILLES | JEU DES FAMILLES | JEU DES FAMILLES | JEU DES FAMILLES | JEU DES FAMILLES | JEU DES FAMILLES | JEU DES FAMILLES | JEU DES FAMILLES
JEU DES FAMILLES | JEU DES FAMILLES | JEU DES FAMILLES | JEU DES FAMILLES | JEU DES FAMILLES | JEU DES FAMILLES | JEU DES FAMILLES | JEU DES FAMILLES
JEU DES FAMILLES | JEU DES FAMILLES | JEU DES FAMILLES | JEU DES FAMILLES | JEU DES FAMILLES | JEU DES FAMILLES | JEU DES FAMILLES | JEU DES FAMILLES
JEU DES FAMILLES | JEU DES FAMILLES | JEU DES FAMILLES | JEU DES FAMILLES | JEU DES FAMILLES | JEU DES FAMILLES | JEU DES FAMILLES | JEU DES FAMILLES
JEU DES FAMILLES | JEU DES FAMILLES | JEU DES FAMILLES | JEU DES FAMILLES | JEU DES FAMILLES | JEU DES FAMILLES | JEU DES FAMILLES | JEU DES FAMILLES
JEU DES FAMILLES | JEU DES FAMILLES | JEU DES FAMILLES | JEU DES FAMILLES | JEU DES FAMILLES | JEU DES FAMILLES | JEU DES FAMILLES | JEU DES FAMILLES
JEU DES FAMILLES | JEU DES FAMILLES | JEU DES FAMILLES | JEU DES FAMILLES | JEU DES FAMILLES | JEU DES FAMILLES | JEU DES FAMILLES | JEU DES FAMILLES
JEU DES FAMILLES | JEU DES FAMILLES | JEU DES FAMILLES | JEU DES FAMILLES | JEU DES FAMILLES | JEU DES FAMILLES | JEU DES FAMILLES | JEU DES FAMILLES
JEU DES FAMILLES | JEU DES FAMILLES | JEU DES FAMILLES | JEU DES FAMILLES | JEU DES FAMILLES | JEU DES FAMILLES | JEU DES FAMILLES | JEU DES FAMILLES
JEU DES FAMILLES | JEU DES FAMILLES | JEU DES FAMILLES | JEU DES FAMILLES | JEU DES FAMILLES | JEU DES FAMILLES | JEU DES FAMILLES | JEU DES FAMILLES
JEU DES FAMILLES | JEU DES FAMILLES | JEU DES FAMILLES | JEU DES FAMILLES | JEU DES FAMILLES | JEU DES FAMILLES | JEU DES FAMILLES | JEU DES FAMILLES
JEU DES FAMILLES | JEU DES FAMILLES | JEU DES FAMILLES | JEU DES FAMILLES | JEU DES FAMILLES | JEU DES FAMILLES | JEU DES FAMILLES | JEU DES FAMILLES
JEU DES FAMILLES | JEU DES FAMILLES | JEU DES FAMILLES | JEU DES FAMILLES | JEU DES FAMILLES | JEU DES FAMILLES | JEU DES FAMILLES | JEU DES FAMILLES
JEU DES FAMILLES | JEU DES FAMILLES | JEU DES FAMILLES | JEU DES FAMILLES | JEU DES FAMILLES | JEU DES FAMILLES | JEU DES FAMILLES | JEU DES FAMILLES
JEU DES FAMILLES | JEU DES FAMILLES | JEU DES FAMILLES | JEU DES FAMILLES | JEU DES FAMILLES | JEU DES FAMILLES | JEU DES FAMILLES | JEU DES FAMILLES
JEU DES FAMILLES | JEU DES FAMILLES | JEU DES FAMILLES | JEU DES FAMILLES | JEU DES FAMILLES | JEU DES FAMILLES | JEU DES FAMILLES | JEU DES FAMILLES
JEU DES FAMILLES | JEU DES FAMILLES | JEU DES FAMILLES | JEU DES FAMILLES | JEU DES FAMILLES | JEU DES FAMILLES | JEU DES FAMILLES | JEU DES FAMILLES
JEU DES FAMILLES | JEU DES FAMILLES | JEU DES FAMILLES | JEU DES FAMILLES | JEU DES FAMILLES | JEU DES FAMILLES | JEU DES FAMILLES | JEU DES FAMILLES
JEU DES FAMILLES | JEU DES FAMILLES | JEU DES FAMILLES | JEU DES FAMILLES | JEU DES FAMILLES | JEU DES FAMILLES | JEU DES FAMILLES | JEU DES FAMILLES
JEU DES FAMILLES | JEU DES FAMILLES | JEU DES FAMILLES | JEU DES FAMILLES | JEU DES FAMILLES | JEU DES FAMILLES | JEU DES FAMILLES | JEU DES FAMILLES
JEU DES FAMILLES | JEU DES FAMILLES | JEU DES FAMILLES | JEU DES FAMILLES | JEU DES FAMILLES | JEU DES FAMILLES | JEU DES FAMILLES | JEU DES FAMILLES
JEU DES FAMILLES | JEU DES FAMILLES | JEU DES FAMILLES | JEU DES FAMILLES | JEU DES FAMILLES | JEU DES FAMILLES | JEU DES FAMILLES | JEU DES FAMILLES
JEU DES FAMILLES | JEU DES FAMILLES | JEU DES FAMILLES | JEU DES FAMILLES | JEU DES FAMILLES | JEU DES FAMILLES | JEU DES FAMILLES | JEU DES FAMILLES
JEU DES FAMILLES | JEU DES FAMILLES | JEU DES FAMILLES | JEU DES FAMILLES | JEU DES FAMILLES | JEU DES FAMILLES | JEU DES FAMILLES | JEU DES FAMILLES
JEU DES FAMILLES | JEU DES FAMILLES | JEU DES FAMILLES | JEU DES FAMILLES | JEU DES FAMILLES | JEU DES FAMILLES | JEU DES FAMILLES | JEU DES FAMILLES
JEU DES FAMILLES | JEU DES FAMILLES | JEU DES FAMILLES | JEU DES FAMILLES | JEU DES FAMILLES | JEU DES FAMILLES | JEU DES FAMILLES | JEU DES FAMILLES
JEU DES FAMILLES | JEU DES FAMILLES | JEU DES FAMILLES | JEU DES FAMILLES | JEU DES FAMILLES | JEU DES FAMILLES | JEU DES FAMILLES | JEU DES FAMILLES
JEU DES FAMILLES | JEU DES FAMILLES | JEU DES FAMILLES | JEU DES FAMILLES | JEU DES FAMILLES | JEU DES FAMILLES | JEU DES FAMILLES | JEU DES FAMILLES
JEU DES FAMILLES | JEU DES FAMILLES | JEU DES FAMILLES | JEU DES FAMILLES | JEU DES FAMILLES | JEU DES FAMILLES | JEU DES FAMILLES | JEU DES FAMILLES
JEU DES FAMILLES | JEU DES FAMILLES | JEU DES FAMILLES | JEU DES FAMILLES | JEU DES FAMILLES | JEU DES FAMILLES | JEU DES FAMILLES | JEU DES FAMILLES
JEU DES FAMILLES | JEU DES FAMILLES | JEU DES FAMILLES | JEU DES FAMILLES | JEU DES FAMILLES | JEU DES FAMILLES | JEU DES FAMILLES | JEU DES FAMILLES
JEU DES FAMILLES | JEU DES FAMILLES | JEU DES FAMILLES | JEU DES FAMILLES | JEU DES FAMILLES | JEU DES FAMILLES | JEU DES FAMILLES | JEU DES FAMILLES
JEU DES FAMILLES | JEU DES FAMILLES | JEU DES FAMILLES | JEU DES FAMILLES | JEU DES FAMILLES | JEU DES FAMILLES | JEU DES FAMILLES | JEU DES FAMILLES
JEU DES FAMILLES | JEU DES FAMILLES | JEU DES FAMILLES | JEU DES FAMILLES | JEU DES FAMILLES | JEU DES FAMILLES | JEU DES FAMILLES | JEU DES FAMILLES
JEU DES FAMILLES | JEU DES FAMILLES | JEU DES FAMILLES | JEU DES FAMILLES | JEU DES FAMILLES | JEU DES FAMILLES | JEU DES FAMILLES | JEU DES FAMILLES
JEU DES FAMILLES | JEU DES FAMILLES | JEU DES FAMILLES | JEU DES FAMILLES | JEU DES FAMILLES | JEU DES FAMILLES | JEU DES FAMILLES | JEU DES FAMILLES
JEU DES FAMILLES | JEU DES FAMILLES | JEU DES FAMILLES | JEU DES FAMILLES | JEU DES FAMILLES | JEU DES FAMILLES | JEU DES FAMILLES | JEU DES FAMILLES
JEU DES FAMILLES | JEU DES FAMILLES | JEU DES FAMILLES | JEU DES FAMILLES | JEU DES FAMILLES | JEU DES FAMILLES | JEU DES FAMILLES | JEU DES FAMILLES
JEU DES FAMILLES | JEU DES FAMILLES | JEU DES FAMILLES | JEU DES FAMILLES | JEU DES FAMILLES | JEU DES FAMILLES | JEU DES FAMILLES | JEU DES FAMILLES
JEU DES FAMILLES | JEU DES FAMILLES | JEU DES FAMILLES | JEU DES FAMILLES | JEU DES FAMILLES | JEU DES FAMILLES | JEU DES FAMILLES | JEU DES FAMILLES
JEU DES FAMILLES | JEU DES FAMILLES | JEU DES FAMILLES | JEU DES FAMILLES | JEU DES FAMILLES | JEU DES FAMILLES | JEU DES FAMILLES | JEU DES FAMILLES
JEU DES FAMILLES | JEU DES FAMILLES | JEU DES FAMILLES | JEU DES FAMILLES | JEU DES FAMILLES | JEU DES FAMILLES | JEU DES FAMILLES | JEU DES FAMILLES
JEU DES FAMILLES | JEU DES FAMILLES | JEU DES FAMILLES | JEU DES FAMILLES | JEU DES FAMILLES | JEU DES FAMILLES | JEU DES FAMILLES | JEU DES FAMILLES
JEU DES FAMILLES | JEU DES FAMILLES | JEU DES FAMILLES | JEU DES FAMILLES | JEU DES FAMILLES | JEU DES FAMILLES | JEU DES FAMILLES | JEU DES FAMILLES
JEU DES FAMILLES | JEU DES FAMILLES | JEU DES FAMILLES | JEU DES FAMILLES | JEU DES FAMILLES | JEU DES FAMILLES | JEU DES FAMILLES | JEU DES FAMILLES
JEU DES FAMILLES | JEU DES FAMILLES | JEU DES FAMILLES | JEU DES FAMILLES | JEU DES FAMILLES | JEU DES FAMILLES | JEU DES FAMILLES | JEU DES FAMILLES
JEU DES FAMILLES | JEU DES FAMILLES | JEU DES FAMILLES | JEU DES FAMILLES | JEU DES FAMILLES | JEU DES FAMILLES | JEU DES FAMILLES | JEU DES FAMILLES
JEU DES FAMILLES | JEU DES FAMILLES | JEU DES FAMILLES | JEU DES FAMILLES | JEU DES FAMILLES | JEU DES FAMILLES | JEU DES FAMILLES | JEU DES FAMILLES
JEU DES FAMILLES | JEU DES FAMILLES | JEU DES FAMILLES | JEU DES FAMILLES | JEU DES FAMILLES | JEU DES FAMILLES | JEU DES FAMILLES | JEU DES FAMILLES
JEU DES FAMILLES | JEU DES FAMILLES | JEU DES FAMILLES | JEU DES FAMILLES | JEU DES FAMILLES | JEU DES FAMILLES | JEU DES FAMILLES | JEU DES FAMILLES
JEU DES FAMILLES | JEU DES FAMILLES | JEU DES FAMILLES | JEU DES FAMILLES | JEU DES FAMILLES | JEU DES FAMILLES | JEU DES FAMILLES | JEU DES FAMILLES
JEU DES FAMILLES | JEU DES FAMILLES | JEU DES FAMILLES | JEU DES FAMILLES | JEU DES FAMILLES | JEU DES FAMILLES | JEU DES FAMILLES | JEU DES FAMILLES
JEU DES FAMILLES | JEU DES FAMILLES | JEU DES FAMILLES | JEU DES FAMILLES | JEU DES FAMILLES | JEU DES FAMILLES | JEU DES FAMILLES | JEU DES FAMILLES
JEU DES FAMILLES | JEU DES FAMILLES | JEU DES FAMILLES | JEU DES FAMILLES | JEU DES FAMILLES | JEU DES FAMILLES | JEU DES FAMILLES | JEU DES FAMILLES
JEU DES FAMILLES | JEU DES FAMILLES | JEU DES FAMILLES | JEU DES FAMILLES | JEU DES FAMILLES | JEU DES FAMILLES | JEU DES FAMILLES | JEU DES FAMILLES
JEU DES FAMILLES | JEU DES FAMILLES | JEU DES FAMILLES | JEU DES FAMILLES | JEU DES FAMILLES | JEU DES FAMILLES | JEU DES FAMILLES | JEU DES FAMILLES
JEU DES FAMILLES | JEU DES FAMILLES | JEU DES FAMILLES | JEU DES FAMILLES | JEU DES FAMILLES | JEU DES FAMILLES | JEU DES FAMILLES | JEU DES FAMILLES
JEU DES FAMILLES | JEU DES FAMILLES | JEU DES FAMILLES | JEU DES FAMILLES | JEU DES FAMILLES | JEU DES FAMILLES | JEU DES FAMILLES | JEU DES FAMILLES
JEU DES FAMILLES | JEU DES FAMILLES | JEU DES FAMILLES | JEU DES FAMILLES | JEU DES FAMILLES | JEU DES FAMILLES | JEU DES FAMILLES | JEU DES FAMILLES
JEU DES FAMILLES | JEU DES FAMILLES | JEU DES FAMILLES | JEU DES FAMILLES | JEU DES FAMILLES | JEU DES FAMILLES | JEU DES FAMILLES | JEU DES FAMILLES
JEU DES FAMILLES | JEU DES FAMILLES | JEU DES FAMILLES | JEU DES FAMILLES | JEU DES FAMILLES | JEU DES FAMILLES | JEU DES FAMILLES | JEU DES FAMILLES
JEU DES FAMILLES | JEU DES FAMILLES | JEU DES FAMILLES | JEU DES FAMILLES | JEU DES FAMILLES | JEU DES FAMILLES | JEU DES FAMILLES | JEU DES FAMILLES
JEU DES FAMILLES | JEU DES FAMILLES | JEU DES FAMILLES | JEU DES FAMILLES | JEU DES FAMILLES | JEU DES FAMILLES | JEU DES FAMILLES | JEU DES FAMILLES
JEU DES FAMILLES | JEU DES FAMILLES | JEU DES FAMILLES | JEU DES FAMILLES | JEU DES FAMILLES | JEU DES FAMILLES | JEU DES FAMILLES | JEU DES FAMILLES
JEU DES FAMILLES | JEU DES FAMILLES | JEU DES FAMILLES | JEU DES FAMILLES | JEU DES FAMILLES | JEU DES FAMILLES | JEU DES FAMILLES | JEU DES FAMILLES
JEU DES FAMILLES | JEU DES FAMILLES | JEU DES FAMILLES | JEU DES FAMILLES | JEU DES FAMILLES | JEU DES FAMILLES | JEU DES FAMILLES | JEU DES FAMILLES
JEU DES FAMILLES | JEU DES FAMILLES | JEU DES FAMILLES | JEU DES FAMILLES | JEU DES FAMILLES | JEU DES FAMILLES | JEU DES FAMILLES | JEU DES FAMILLES
JEU DES FAMILLES | JEU DES FAMILLES | JEU DES FAMILLES | JEU DES FAMILLES | JEU DES FAMILLES | JEU DES FAMILLES | JEU DES FAMILLES | JEU DES FAMILLES
JEU DES FAMILLES | JEU DES FAMILLES | JEU DES FAMILLES | JEU DES FAMILLES | JEU DES FAMILLES | JEU DES FAMILLES | JEU DES FAMILLES | JEU DES FAMILLES
JEU DES FAMILLES | JEU DES FAMILLES | JEU DES FAMILLES | JEU DES FAMILLES | JEU DES FAMILLES | JEU DES FAMILLES | JEU DES FAMILLES | JEU DES FAMILLES
JEU DES FAMILLES | JEU DES FAMILLES | JEU DES FAMILLES | JEU DES FAMILLES | JEU DES FAMILLES | JEU DES FAMILLES | JEU DES FAMILLES | JEU DES FAMILLES
JEU DES FAMILLES | JEU DES FAMILLES | JEU DES FAMILLES | JEU DES FAMILLES | JEU DES FAMILLES | JEU DES FAMILLES | JEU DES FAMILLES | JEU DES FAMILLES
JEU DES FAMILLES | JEU DES FAMILLES | JEU DES FAMILLES | JEU DES FAMILLES | JEU DES FAMILLES | JEU DES FAMILLES | JEU DES FAMILLES | JEU DES FAMILLES
JEU DES FAMILLES | JEU DES FAMILLES | JEU DES FAMILLES | JEU DES FAMILLES | JEU DES FAMILLES | JEU DES FAMILLES | JEU DES FAMILLES | JEU DES FAMILLES
JEU DES FAMILLES | JEU DES FAMILLES | JEU DES FAMILLES | JEU DES FAMILLES | JEU DES FAMILLES | JEU DES FAMILLES | JEU DES FAMILLES | JEU DES FAMILLES
JEU DES FAMILLES | JEU DES FAMILLES | JEU DES FAMILLES | JEU DES FAMILLES | JEU DES FAMILLES | JEU DES FAMILLES | JEU DES FAMILLES | JEU DES FAMILLES
JEU DES FAMILLES | JEU DES FAMILLES | JEU DES FAMILLES | JEU DES FAMILLES | JEU DES FAMILLES | JEU DES FAMILLES | JEU DES FAMILLES | JEU DES FAMILLES
JEU DES FAMILLES | JEU DES FAMILLES | JEU DES FAMILLES | JEU DES FAMILLES | JEU DES FAMILLES | JEU DES FAMILLES | JEU DES FAMILLES | JEU DES FAMILLES
JEU DES FAMILLES | JEU DES FAMILLES | JEU DES FAMILLES | JEU DES FAMILLES | JEU DES FAMILLES | JEU DES FAMILLES | JEU DES FAMILLES | JEU DES FAMILLES
JEU DES FAMILLES | JEU DES FAMILLES | JEU DES FAMILLES | JEU DES FAMILLES | JEU DES FAMILLES | JEU DES FAMILLES | JEU DES FAMILLES | JEU DES FAMILLES
JEU DES FAMILLES | JEU DES FAMILLES | JEU DES FAMILLES | JEU DES FAMILLES | JEU DES FAMILLES | JEU DES FAMILLES | JEU DES FAMILLES | JEU DES FAMILLES
JEU DES FAMILLES | JEU DES FAMILLES | JEU DES FAMILLES | JEU DES FAMILLES | JEU DES FAMILLES | JEU DES FAMILLES | JEU DES FAMILLES | JEU DES FAMILLES
JEU DES FAMILLES | JEU DES FAMILLES | JEU DES FAMILLES | JEU DES FAMILLES | JEU DES FAMILLES | JEU DES FAMILLES | JEU DES FAMILLES | JEU DES FAMILLES
JEU DES FAMILLES | JEU DES FAMILLES | JEU DES FAMILLES | JEU DES FAMILLES | JEU DES FAMILLES | JEU DES FAMILLES | JEU DES FAMILLES | JEU DES FAMILLES
JEU DES FAMILLES | JEU DES FAMILLES | JEU DES FAMILLES | JEU DES FAMILLES | JEU DES FAMILLES | JEU DES FAMILLES | JEU DES FAMILLES | JEU DES FAMILLES
JEU DES FAMILLES | JEU DES FAMILLES | JEU DES FAMILLES | JEU DES FAMILLES | JEU DES FAMILLES | JEU DES FAMILLES | JEU DES FAMILLES | JEU DES FAMILLES
JEU DES FAMILLES | JEU DES FAMILLES | JEU DES FAMILLES | JEU DES FAMILLES | JEU DES FAMILLES | JEU DES FAMILLES | JEU DES FAMILLES | JEU DES FAMILLES
JEU DES FAMILLES | JEU DES FAMILLES | JEU DES FAMILLES | JEU DES FAMILLES | JEU DES FAMILLES | JEU DES FAMILLES | JEU DES FAMILLES | JEU DES FAMILLES
JEU DES FAMILLES | JEU DES FAMILLES | JEU DES FAMILLES | JEU DES FAMILLES | JEU DES FAMILLES | JEU DES FAMILLES | JEU DES FAMILLES | JEU DES FAMILLES
JEU DES FAMILLES | JEU DES FAMILLES | JEU DES FAMILLES | JEU DES FAMILLES | JEU DES FAMILLES | JEU DES FAMILLES | JEU DES FAMILLES | JEU DES FAMILLES
JEU DES FAMILLES | JEU DES FAMILLES | JEU DES FAMILLES | JEU DES FAMILLES | JEU DES FAMILLES | JEU DES FAMILLES | JEU DES FAMILLES | JEU DES FAMILLES
JEU DES FAMILLES | JEU DES FAMILLES | JEU DES FAMILLES | JEU DES FAMILLES | JEU DES FAMILLES | JEU DES FAMILLES | JEU DES FAMILLES | JEU DES FAMILLES
JEU DES FAMILLES | JEU DES FAMILLES | JEU DES FAMILLES | JEU DES FAMILLES | JEU DES FAMILLES | JEU DES FAMILLES | JEU DES FAMILLES | JEU DES FAMILLES
JEU DES FAMILLES | JEU DES FAMILLES | JEU DES FAMILLES | JEU DES FAMILLES | JEU DES FAMILLES | JEU DES FAMILLES | JEU DES FAMILLES | JEU DES FAMILLES
JEU DES FAMILLES | JEU DES FAMILLES | JEU DES FAMILLES | JEU DES FAMILLES | JEU DES FAMILLES | JEU DES FAMILLES | JEU DES FAMILLES | JEU DES FAMILLES
JEU DES FAMILLES | JEU DES FAMILLES | JEU DES FAMILLES | JEU DES FAMILLES | JEU DES FAMILLES | JEU DES FAMILLES | JEU DES FAMILLES | JEU DES FAMILLES
JEU DES FAMILLES | JEU DES FAMILLES | JEU DES FAMILLES | JEU DES FAMILLES | JEU DES FAMILLES | JEU DES FAMILLES | JEU DES FAMILLES | JEU DES FAMILLES
JEU DES FAMILLES | JEU DES FAMILLES | JEU DES FAMILLES | JEU DES FAMILLES | JEU DES FAMILLES | JEU DES FAMILLES | JEU DES FAMILLES | JEU DES FAMILLES
JEU DES FAMILLES | JEU DES FAMILLES | JEU DES FAMILLES | JEU DES FAMILLES | JEU DES FAMILLES | JEU DES FAMILLES | JEU DES FAMILLES | JEU DES FAMILLES
JEU DES FAMILLES | JEU DES FAMILLES | JEU DES FAMILLES | JEU DES FAMILLES | JEU DES FAMILLES | JEU DES FAMILLES | JEU DES FAMILLES | JEU DES FAMILLES
JEU DES FAMILLES | JEU DES FAMILLES | JEU DES FAMILLES | JEU DES FAMILLES | JEU DES FAMILLES | JEU DES FAMILLES | JEU DES FAMILLES | JEU DES FAMILLES
JEU DES FAMILLES | JEU DES FAMILLES | JEU DES FAMILLES | JEU DES FAMILLES | JEU DES FAMILLES | JEU DES FAMILLES | JEU DES FAMILLES | JEU DES FAMILLES
JEU DES FAMILLES | JEU DES FAMILLES | JEU DES FAMILLES | JEU DES FAMILLES | JEU DES FAMILLES | JEU DES FAMILLES | JEU DES FAMILLES | JEU DES FAMILLES
JEU DES FAMILLES | JEU DES FAMILLES | JEU DES FAMILLES | JEU DES FAMILLES | JEU DES FAMILLES | JEU DES FAMILLES | JEU DES FAMILLES | JEU DES FAMILLES
JEU DES FAMILLES | JEU DES FAMILLES | JEU DES FAMILLES | JEU DES FAMILLES | JEU DES FAMILLES | JEU DES FAMILLES | JEU DES FAMILLES | JEU DES FAMILLES
JEU DES FAMILLES | JEU DES FAMILLES | JEU DES FAMILLES | JEU DES FAMILLES | JEU DES FAMILLES | JEU DES FAMILLES | JEU DES FAMILLES | JEU DES FAMILLES
JEU DES FAMILLES | JEU DES FAMILLES | JEU DES FAMILLES | JEU DES FAMILLES | JEU DES FAMILLES | JEU DES FAMILLES | JEU DES FAMILLES | JEU DES FAMILLES
JEU DES FAMILLES | JEU DES FAMILLES | JEU DES FAMILLES | JEU DES FAMILLES | JEU DES FAMILLES | JEU DES FAMILLES | JEU DES FAMILLES | JEU DES FAMILLES
JEU DES FAMILLES | JEU DES FAMILLES | JEU DES FAMILLES | JEU DES FAMILLES | JEU DES FAMILLES | JEU DES FAMILLES | JEU DES FAMILLES | JEU DES FAMILLES

H

Im *Atelier d'écriture* trainierst du intensiv das Schreiben.

1 **Écris un poème sur un ou deux objets de ta chambre. | Mache ein Formgedicht zu ein oder zwei Gegenständen aus deinem Zimmer. Der Text hat dabei die Form des jeweiligen Gegenstandes. Schreib in dein Heft.**

Exemple :

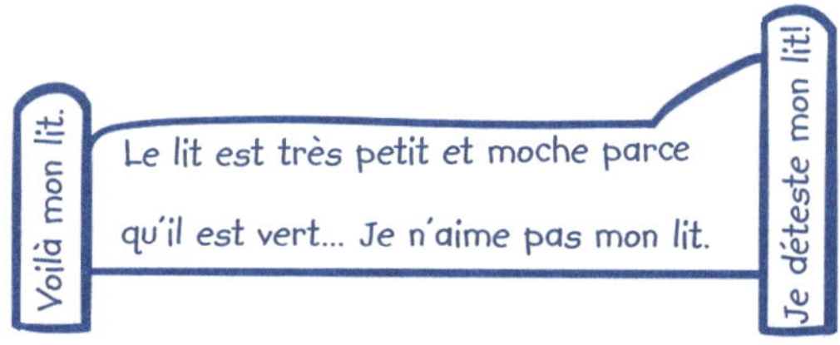

2 **Voilà une maison[1] insolite[2]… Complète le texte.**

1 **la maison** das Haus 2 **insolite** *adj. f./m.* außergewöhnlich, ungewöhnlich

3 **À toi ! Imagine une maison insolite. | Stelle dir ein außergewöhnliches Haus vor oder präsentiere ein Bild oder Foto und schreibe in dein Heft einen kleinen Text dazu.**

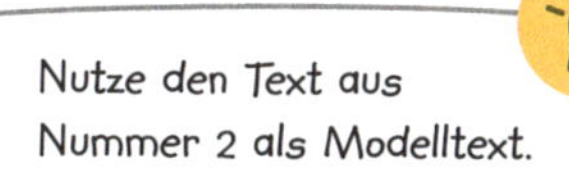

- Comment s'appelle la maison ?
- Comment est la maison ?
- C'est où ?
- Qui habite dans la maison ?
- Qu'est-ce qu'il y a dans la maison ?
- Qu'est-ce qu'on fait où ?

Falls dir selbst kein besonderes Haus einfällt, kannst du im Internet in einer Suchmaschine den Begriff „maison insolite" eingeben und auf Bildersuche klicken.

Fais le point

Hier überprüfst du, ob du die Redewendungen, die Vokabeln und die Grammatik der Unité 3 beherrschst. Löse die folgenden Aufgaben ohne Hilfen und vergleiche deine Ergebnisse mit den Lösungen auf scook.de. ▶ Code, S. 1

Vocabulaire

1 **C'est le bazar ! Décris les images. Utilise aussi des prépositions. | Was für ein Durcheinander! Beschreibe die Bilder mit den richtigen Nomen und verwende auch Präpositionen.**

1 
2 
3 
4 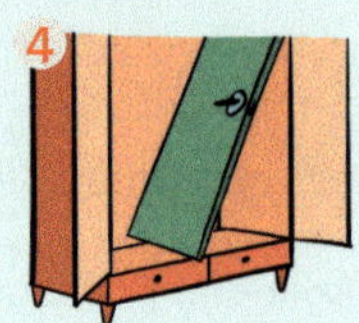
5 
6 

1. L'ordinateur ______ est sous le lit ______.
2. ______ est ______.
3. ______ est ______.
4. ______ est ______.
5. ______ est ______.
6. ______ est ______.

Les mots pour le dire

2 **Comment est-ce qu'on dit cela en français ? | Wie sagt man das auf Französisch? Schreibe die Sätze in dein Heft.**

Wie sagst du dass ...

1. ... du Rap magst?
2. ... du Fan von __ bist?
3. ... dein Zimmer dein Lieblingsort zum Träumen ist?
4. ... die Musik von __ nicht dein Ding ist?
5. ... in deinem Zimmer alles durcheinander ist?

Das Verb *faire*

3 **Idriss parle au téléphone avec ses grands-parents. Complète par une forme du verbe *faire*. | Ergänze mit der richtigen Form des Verbs *faire*.**

Grands-parents : Alors, Idriss, qu'est-ce que tu ______ ?

Idriss : Je ______ mes devoirs. Et vous, qu'est-ce que vous ______ ?

Grands-parents : Nous sommes à Paris et nous ______ du shopping. Et tes sœurs, qu'est-ce qu'elles ______ ?

Idriss : Je ne sais pas. Elles ne sont pas là.

Die Hobbys und der zusammengezogene Artikel mit *de*

4 **Noé montre des photos et parle de ses copains de Blois. Complète. | Noé zeigt Fotos seiner Freunde in Blois und erzählt von ihnen. Ergänze mit dem zusammengezogenen Artikel mit de und das passende Hobby.**

1. Voilà mon copain Mathéo. Il fait ______________ et ______________.
2. C'est Clara. Elle fait ______________ et elle aime aussi faire ______________.
3. Ici, c'est Arthur avec son frère. Ils font ______________ ensemble. Arthur fait aussi ______________ et son frère fait ______________.

Die Verneinung mit *ne... pas* und *ne... plus*

5 **Les amis. Complète. Utilise la négation avec *ne... pas* ou *ne... plus*. | Vervollständige die Beschreibungen von Jeanne und ihren Freunden mit einer Verneinung.**

1. Aujourd'hui, Jeanne ________ dessine ________ : elle est au théâtre.
2. Noé ________ habite ________ à Blois. Maintenant, il habite à Paris.
3. Idriss ________ est ________ fan du PSG. Mais il aime le foot.

Die Angleichung der Adjektive

6 **Zoé montre sa chambre à son amie. Complète par la bonne forme de l'adjectif. | Zoé zeigt ihrer Freundin ihr Zimmer. Ergänze mit der jeweils passenden Adjektivform.**

– Zoé, ta chambre est ______________ (*klein*) mais très ______________ (*hübsch*).

– Oui, mais mon lit est ______________ (*hässlich*) : il est ______________ (*schwarz*) ! Et mes étagères sont ______________ (*weiß*) et trop ______________ (*groß*).

C-Test: Cocktail

7 **Complète les portraits. | Vervollständige die Beschreibung der Jugendlichen.**

Maxime et Luca sont en cinquième. Les de_____ amis fo_____ de l_____ escalade ense_____ et i_____ aiment au_____ le fo_____. Ils ado_____ la mus_____ : Maxime joue d_____ la gui_____ et Luca fa_____ du pi_____. La cha_____ de Maxime n_____est p_____ jolie ma_____ elle e_____ grande. Les mu_____ de s_____ chambre so_____ bleus parc_____ il ai_____ le bl_____.

Lucie et s_____ amie Emily so_____ aussi e_____ cinquième av_____ les de_____ garçons. L_____ deux fil_____ font d_____ théâtre e_____ de l_____ danse. El_____ aiment beau_____ la mus_____ et ado_____ regarder d_____ vidéos s_____ Internet. Mais l_____ deux fil_____ détestent l_____ sport !

Lösungen ▶ Code, S. 1

Module 3 : Il est quelle heure ?

☆ **1** Relie les phrases aux horloges. | Notiere die richtigen Buchstaben (A–F). ► Liste des mots, p. 185

- ☐ 1 Il est midi.
- ☐ 2 Il est dix heures moins dix.
- ☐ 3 Il est trois heures vingt-cinq.
- ☐ 4 Il est une heure et quart.
- ☐ 5 Il est six heures et demie.
- ☐ 6 Il est huit heures moins le quart.

★ **2** Voilà une journée[1] de Noé. Écoute et complète. | Hör zu und vervollständige die Uhrzeitangaben.
► Liste des mots, p. 185

1 la journée der Tagesablauf

☆ **3** a Tu joues. Écoute et entoure les dix nombres. | Du spielst Bingo und hörst zehn Zahlen. Finde sie im Zahlengitter und kreise sie ein. ► Les nombres, p. 162

12	60	59	28	33	34	17
15	5	22	30	29	25	8
46	50	55	35	44	9	43

b Écoute les nombres encore une fois et répète-les. | Hör die Zahlen noch einmal an und sprich sie nach.

★ **4** a **Voilà un peu de maths. | Löse die folgenden Aufgaben und schreibe die gesuchten Zahlen aus.**
▶ Les nombres, p. 162

1. vingt-trois fois deux égale ______________________.
2. cinquante divisé par cinq égale ______________________.
3. quatre plus sept égale ______________________.
4. quarante-huit moins quatorze égale ______________________.
5. six fois sept égale ______________________.

Hier ein paar Rechenzeichen auf Französisch:
+ → plus [plys]
– → moins [mwɛ̃]
x → fois [fwa]
: → divisé par [divize paʀ]
= → égale [egal]

b **Écoute les solutions et corrige tes résultats de a si nécessaire. | Hör dir die Lösungen an und korrigiere deine Ergebnisse, falls nötig.**

c **Écris le numéro des pages de ton carnet jusqu'à 60 en toutes lettres. | Schreibe die Seitenzahlen deines Arbeitsheftes bis 60 aus.** ▶ Les nombres, p. 162

5 **Écoute et note le bon numéro. | Hör dir die Durchsagen an und ordne zu. Schreibe die richtige Nummer auf.**

Il est deux heures moins le quart. ☐

Il est six heures moins cinq. ☐

Il est quatre heures et demie. ☐

Il est midi. ☐

Il est huit heures et quart. ☐

6 **Tu es en France. Qu'est-ce qu'on dit ? | Was sagt man? Schreibe die richtigen Sätze auf.**

1. Wie fragst du einen Herrn, wie spät es ist?

____

2. Wie fragst du deinen Austauschpartner, um wieviel Uhr er Kampfsport hat?

____

3. Wie schlägst du einer französischen Freundin vor, morgen bei ihr vorbeizukommen?

____

4. Wie sagst du, dass du stundenlang mit deinen Freunden chattest?

____

5. Wie sagst du, dass du zu spät bist?

____

Vocabulaire : L'emploi du temps

1 Complète les étiquettes des cahiers de Jeanne. | Ergänze Jeannes Hefte mit den Bezeichnungen der Schulfächer.

2 a Nutze ein Online-Wörterbuch und finde für sechs der folgenden Fächer heraus, wie sie auf Französisch heißen. Notiere sie mit dem bestimmten Artikel. ▶ Méthodes, p. 158/25

Religion • Politik • Chinesisch ______ • ______

Spanisch • Informatik • Literatur ______ • ______

Ethik • Türkisch • Russisch ______ • ______

b Écris ton emploi du temps dans ton cahier. | Schreibe jetzt deinen Stundenplan auf Französisch in dein Heft.

> Hast du Fächer, die sich nicht so einfach übersetzen lassen? Umschreibe sie! Beispiel: „Darstellendes Spiel", „c'est comme le théâtre".

3 a *Lundi* ou *le lundi* ? Entoure la bonne forme. | Umkreise die richtige Form.

> Wenn ein Ereignis wiederkehrt, ist der Artikel nicht verkehrt!

b Écoute et vérifie tes résultats de a.

Lire et comprendre

► p. 90

1 **Vrai ou faux ? Coche. | Kreuze an, ob die Aussagen zum Text S. 90 richtig oder falsch sind.**

	vrai	faux
1. Le CPE a un problème : il ne rigole pas.	☐	☐
2. L'endroit préféré du CPE est à l'entrée du collège.	☐	☐
3. L'endroit préféré de la principale, c'est son bureau.	☐	☐
4. La principale n'a pas de point faible.	☐	☐
5. Les élèves aiment le documentaliste.	☐	☐
6. Au CDI, il y a des livres et des BD.	☐	☐
7. La surveillante fait les emplois du temps.	☐	☐
8. La surveillante aime parler et elle est partout.	☐	☐

S'entraîner

☆ **2** **Écris les formes du verbe *aller* et note le pronom. | Schreibe die Formen von *aller* in die passenden Umrisse und ergänze die Subjektpronomen.** ► Verbes, p. 175

___ ___ ___

___ ___ ___

★ **3** **Parle de toi et de tes copains à ton partenaire de tandem Oscar. Pose-lui aussi des questions. | Erzähl deinem Tandempartner Oscar von dir und deinen Freunden. Stell ihm auch Fragen zu ihm und seinen Freunden.**
► Grammaire, p. 102/2

à + le → au
à + les → aux

Aujourd'hui, Mardi, À midi, L'après-midi, Le week-end, Pendant la récré, Le jeudi, __	je tu mon copain ma classe on nous vous mes copines __	*aller à*	*la* cantine / __. *la* maison pour manger / __. *le* club de basket / __. *le* CDI pour préparer un exposé / __. *l'*entrée du collège / __. *les* toilettes pour téléphoner / __. __ ?

____

____

____

____

____

Vocabulaire et expression

4 Entoure les 15 mots cachés dans la grille et écris-les dans le tableau. | Kreise die 15 waagerecht, senkrecht, vorwärts und rückwärts versteckten Wörter ein und schreibe sie in die Tabelle.

Wenn du alle Wörter gefunden hast, ergeben die übrigen acht Buchstaben in der richtigen Reihenfolge das LÖSUNGswort:

la ☐☐☐☐☐☐☐☐

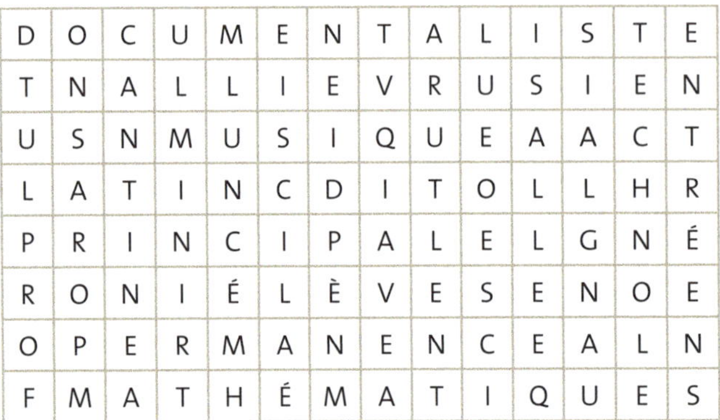

D	O	C	U	M	E	N	T	A	L	I	S	T	E
T	N	A	L	L	I	E	V	R	U	S	I	E	N
U	S	N	M	U	S	I	Q	U	E	A	A	C	T
L	A	T	I	N	C	D	I	T	O	L	L	H	R
P	R	I	N	C	I	P	A	L	E	L	G	N	É
R	O	N	I	É	L	È	V	E	S	E	N	O	E
O	P	E	R	M	A	N	E	N	C	E	A	L	N
F	M	A	T	H	É	M	A	T	I	Q	U	E	S

Qui travaille au collège ?	des endroits au collège	des matières
1. le/la	6. le	11. la
2. le	7. la	12. le
3. la	8. la	13. les
4. les	9. la	14. l'
5. le/la	10. l'	15. la

5 a Écoute. Est-ce que les élèves parlent d'un homme ou d'une femme ? Coche. | Hör zu. Sprechen die Schüler von einem Mann oder von einer Frau? Kreuze an.

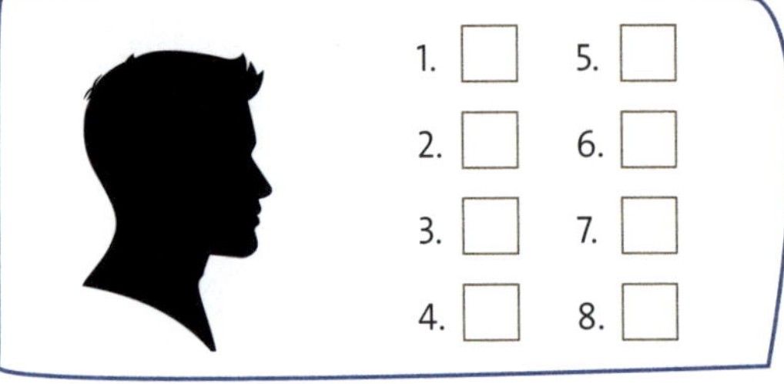

1. ☐ 2. ☐ 3. ☐ 4. ☐ 5. ☐ 6. ☐ 7. ☐ 8. ☐

1. ☐ 2. ☐ 3. ☐ 4. ☐ 5. ☐ 6. ☐ 7. ☐ 8. ☐

b Présente cinq personnes de ton collège. | Stell fünf Personen aus deiner Schule vor.

M. Steiner, c'est mon prof d'allemand. Mme Nowak travaille à la cantine.

6 a **Qu'est-ce qui va ensemble ? Écris dans ton cahier. | Finde Ergänzungen zu den Verben und schreibe in dein Heft. Es gibt manchmal mehrere Möglichkeiten.**

aller • organiser • ranger • préparer • oublier • surveiller • manger	des spaghettis • des feuilles • aux toilettes • en permanence • à la cantine • une activité • un exposé • les élèves • des livres

b **Complète les phrases avec des expressions de a. Plusieurs solutions sont possibles.**

1. Les profs de SVT ______________________ dans la nature, c'est super !
2. Ça sonne ! Le prof d'anglais ______________________ et les élèves ______________________.
3. À midi, je ______________________ et je ______________________.
4. Le documentaliste ______________________ au CDI.

Écrire

7 **Pia écrit un mail à Lili-Rose. Il y a des fautes. Aide Pia et corrige. | Pia schreibt Lili-Rose eine Mail. Hilf Pia und korrigiere die Fehler.** ▶ Méthodes, p. 157/24

Objet : Stuttgart – Paris

Cher[1] Lili-Rose,
Ca[2] va a[3] Paris ? Ici, a[4] Stuttgart, ce n'est pas super !
Demain, nous avon[5] deux heure[6] d'allemand, une heure de sport, trois heure[7] de maths et une heure d'histoire ! Et en plus, on a encore de devoir[8] !
Je déteste ca[9], les profs son[10] toujours pressé[11], c'est l'horreur ! Et avec la prof de geo[12], on a souvent des exposé[13]. Je n'aime pas la geo[14], la prof est trop severe[15] ! Mais la[16], je prepare[17] un expose[18] sur la France, ca[19], c'est cool !
Et vous ? Qu'est-ce que vous faite[20] au college[21] ?
Tu a[22] aussi math[23] demain apres-midi[24] ?
À plus ! Pia
PS : Je suis a[25] Paris dans une semaine !

1 ______ 2 ______ 3 ______ 4 ______ 5 ______ 6 ______ 7 ______ 8 ______ 9 ______ 10 ______ 11 ______ 12 ______ 13 ______

14 ______ 15 ______ 16 ______ 17 ______ 18 ______ 19 ______ 20 ______ 21 ______ 22 ______ 23 ______ 24 ______ 25 ______

Welche Arten von Fehlern kommen hier vor?

- ☐ Akzentsetzung
- ☐ Satzstellung
- ☐ Apostrophe
- ☐ Verbform
- ☐ Pluralbildung

Lire et comprendre

▸ p. 93

1 **Trouve les réponses dans le texte et note-les en français dans ton cahier. | Finde die Antworten auf folgende Fragen im Text auf S. 93 und schreibe sie auf Französisch in dein Heft.**

1. Warum begleitet Pia Lili-Rose in die Schule?
2. Freut sich Gabin auf diesen Tag?
3. Wie kommentiert Lili-Rose Gabins Meinung?
4. Wen haben Gabin und Idriss in Mathe?
5. Warum mag Lili-Rose Madame Meunier nicht?
6. Was gefällt Gabin am Stundenplan der Mädchen gut?
7. Was findet Lili-Rose am Stundenplan der Jungen besser?
8. Was sagt Idriss schließlich zu Lili-Rose und Gabin?

Écouter et comprendre

2 **Écoute le dialogue entre deux élèves de la 5e A. Puis, coche les bonnes réponses.**

1. Rosalie et Valentin parlent de leur emploi du temps du ...
   - ☐ lundi. ☐ mardi. ☐ mercredi. ☐ jeudi. ☐ vendredi.
2. Valentin...
   - ☐ aime les cours de français. ☐ n'aime pas les cours de français.
3. Monsieur Leblanc est...
   - ☐ le prof de français. ☐ le principal. ☐ un surveillant sévère. ☐ le prof de SVT.
4. Aujourd'hui, la 5eA... *(Coche deux réponses.)*
   - ☐ regarde un film. ☐ a SVT avec la 5eB. ☐ a EPS avec la 5eB.
   - ☐ va en permanence parce que leur prof n'est pas là.

S'entraîner

3 **Complète par *notre/nos* ou *votre/vos*.** ▸ Grammaire, p. 103/4

4 **Complète par *son/sa/ses* ou *leur/leurs*. | Ergänze mit *son/sa/ses* oder *leur/leurs*.** ▶ Grammaire, p. 54/2 + p. 103/4

1. Gabin prépare ______________ exposé en permanence.

   Jeanne et Lili-Rose préparent ______________ exposé au CDI.

2. Lili-Rose oublie souvent ______________ affaires à la maison.

   Gabin et Idriss rangent ______________ affaires et vont à la cantine.

3. La prof de SVT n'aime pas trop ______________ salle de cours.

   Les élèves adorent ______________ salle d'arts plastiques.

Identifiziere zunächst den oder die „Besitzer":
Gibt es nur eine/n Besitzer/in, benötigst du „son/sa/ses".
Gibt es mehrere Besitzer/innen, benötigst du „leur/leurs".

★ **5** **Des élèves présentent leur collège. Complète leurs commentaires et utilise *son/sa/ses/leur/leurs*.**
▶ Grammaire, p. 54/2 + p. 103/4

1. Voilà notre école avec sa tour. ______________
2. Voilà les stars du collège avec ______________
3. Voilà les élèves de la 6ᵉ C et ______________
4. Voilà la cantine avec ______________
5. Voilà le CPE dans ______________
6. Voilà nos profs de musique avec ______________

In Frankreich sind Abkürzungen sehr verbreitet. Weißt du noch, wofür CDI, SVT, EPS, CPE und BD stehen? In der Liste des mots kannst du es nachlesen.

6 **Complète les dialogues par les bonnes formes de *manger*, *ranger* et *commencer*. | Ergänze die Dialoge.**
► Verbes, p. 174

1. **Gabin :** On ____________ des pizzas ?

   Noé : Non, aujourd'hui, je ____________ des spaghettis.

   Nous ____________ des pizzas demain, d'accord ?

2. **Gabin :** Salut les filles ! Qu'est-ce que vous faites ! ? C'est le bazar ici !

   Lili-Rose : Mais non ! Ce n'est pas le bazar ! Jeanne et moi, nous ____________ ses affaires !

   Idriss : C'est vrai, Jeanne ? Vous ____________ ton bureau aussi ? Bravo !

3. **Pia :** Vos cours ____________ à huit heures demain ?

   Jeanne : Oui, nous ____________ à huit heures.

   Lili-Rose : C'est nul ! La cinquième B ____________ à neuf heures !

☆ **7 a** **Jonathan et Noémi font une interview avec M. Brosse, le documentaliste de leur collège. Complète les questions. | Ergänze die Fragen.** ► Grammaire, p. 102/3

comment est-ce que | quand est-ce que | pourquoi est-ce que | où est-ce que

– Bonjour Monsieur, ____________ vous travaillez ?

– Je suis documentaliste, alors je travaille au CDI.

– ____________ vous êtes documentaliste ?

– Je suis documentaliste parce que j'adore les livres !

– ____________ vous commencez votre journée ?

– Je commence le matin à sept heures trente.

– ____________ vous terminez votre journée ?

– Ça dépend ! Je termine à 16 heures le lundi, le mardi et le jeudi et à 13 heures le mercredi et le vendredi.

– ____________ vous organisez votre journée ?

– Le matin, je range les livres et je surfe sur Internet pour trouver des informations et l'après-midi, j'organise des activités avec les profs.

★ **b** **Pose des questions à ton/ta partenaire et réponds à ses questions. | Stell deinem/deiner Partner/in je eine Frage mit jedem der Fragewörter in a und antworte auf seine/ihre Fragen.**

Vocabulaire et expression

8 **Qu'est-ce que tu dis dans quelle situation ? Relie. | Was sagst du in welcher Situation? Verbinde.**

Ihr kommt an eine Bushaltestelle und euer Bus ist sofort da, obwohl er nur alle halbe Stunde verkehrt. 1
Dein Freund nervt dich und redet lauter dummes Zeug. 2
Deine Freunde wollen eine Serie sehen, die alle mögen, du aber nicht. 3
Jemand stellt dir eine Frage, die du nicht eindeutig beantworten kannst. 4
Du erfährst etwas und bist begeistert. 5
Du erfährst etwas und bist entsetzt. 6
Deine Freunde schlagen eine Unternehmung vor und du bist einverstanden. 7
Deine Freundin kann heute leider nicht wie geplant zu dir kommen. 8

A Ce n'est pas mon truc !
B Ça dépend !
C C'est l'horreur !
D On a de la chance !
E C'est super !
F Ça suffit !
G Ça marche !
H C'est dommage !

Parler – Tandem

9 **Partner A (deutsche/r Schüler/in) ist bei Partner B (französische/r Austauschschüler/in) zu Besuch in Frankreich. Ihr unterhaltet euch über eure unterschiedlichen Schulalltage. Stellt euch gegenseitig Fragen und antwortet.**

A

1. **A : Frag, wie B den Donnerstag findet.**
   B : Le jeudi, c'est ma journée préférée/cauchemar.
2. **A : Frag, warum es der Lieblingstag/Albtraumtag von B ist.**
   B : C'est ma journée préférée/cauchemar parce que ____.
3. B : Et toi, comment est-ce que tu trouves le jeudi ?
   A : Antworte: der Donnerstag ist (auch) dein Lieblingstag/Albtraumtag.
4. B : Pourquoi est-ce que c'est ta journée préférée/cauchemar?
   A : Antworte und gib eine Begründung an.
5. B : Quand est-ce que tu commences ta journée le vendredi ?
   A : Sag, um wieviel Uhr du freitags deinen Tag beginnst.
   B : À ____ heures ! C'est l'horreur ! / Tu as de la chance ! Moi, je commence à ____ heures.
6. B : Où est-ce que tu manges à midi, en Allemagne ?
   A : Sag, dass es darauf ankommt: manchmal isst du in der Kantine und manchmal zu Hause.
7. **A : Frag, wo B mittwochs seine/ihre Hausaufgaben macht.**
   B : Je fais mes devoirs en permanence / à la maison / chez ____.

B

1. A : Comment est-ce que tu trouves le jeudi ?
   B : Antworte: der Donnerstag ist dein Lieblingstag/Albtraumtag.
2. A : Pourquoi est-ce que c'est ta journée préférée/cauchemar ?
   B : Antworte und gib eine Begründung an.
3. **B : Frag dann zurück, wie A den Donnerstag findet.**
   A : Le jeudi, c'est (aussi) ma journée préférée/cauchemar.
4. **B : Frag, warum es der Lieblingstag/Albtraumtag von A ist.**
   A : C'est ma journée préférée/cauchemar parce que ____.
5. **B : Frag, wann A freitags seinen/ihren Tag beginnt.**
   A : Le vendredi, je commence ma journée à ____ heures.
   B : Wiederhole die Uhrzeit und sage, dass das der Horror ist / dass A Glück hat. Ergänze, wann du selbst anfängst.
6. **B : Frag, wo A in Deutschland zu Mittag isst.**
   A : Ça dépend... Parfois, je mange à la cantine et parfois, je mange à la maison.
7. A : Où est-ce que tu fais tes devoirs le mercredi ?
   B : Antworte und nenne den Ort.

Lire et comprendre

▸ p. 98

1 **Trouve dans le texte un commentaire pour chaque image et note le numéro. | Finde für jedes Bild einen passenden Kommentar im Text S. 98 und notiere dessen Nummer.**

1 
2 
3 
4 
5 

6 

S'entraîner

2 **Décris les dessins. | Beschreibe die Bilder und benutze *beaucoup de, trop de, assez de, ne… pas assez de, ne… pas de, ne… plus de*. Es gibt mehrere Möglichkeiten.** ▸ Grammaire, p. 103/5

1 
ordinateurs • ~~tableau~~

2 
BD • ~~étagères~~

3 
élèves • ~~chaises~~

4 
surveillants • ~~joueurs~~

5 
~~salade~~ • ~~pizza~~

6 
instruments • ~~prof de musique~~

1. Dans la salle de techno, il y a beaucoup d'ordinateurs mais ______________________________.
2. Au CDI, il y a ______________________________.
3. Dans la salle de SVT, ______________________________.
4. Dans la cour, ______________________________.
5. À la cantine, ______________________________.
6. Dans la salle de musique, ______________________________.

★ **3** a ***Bon*** **ou *bien* ? Complète le dialogue. | Ergänze den Dialog mit *bon* oder *bien*.**

Welches Wort musst du angleichen?
☐ Das Adverb „bien". ☐ Das Adjektiv „bon".

Pia : Ça va ______________ pour vous à l'école ?

Gabin : Moi, je suis ______________ en maths et en sciences... et je dessine ______________ !

Lili-Rose : Ça va. Je n'aime pas trop l'école, je n'écoute pas très ______________ en cours, mais en arts plastiques et en sport, je suis super ______________ !

Jeanne : Je ne suis pas très ______________ en maths, mais j'aime quand même ma prof de maths parce qu'elle explique ______________ ! ... Je voudrais être comme Idriss ! Il est ______________ partout, ses questions sont intéressantes et ses réponses sont toujours ______________ !

Idriss : Ce n'est pas vrai ! Je ne suis pas ______________ partout ! Par exemple, je ne parle pas ______________ allemand !

b **Compare à l'anglais. | Vergleiche mit dem Englischen.**

I'm not **good** at math but I like my teacher, because she explains **well**.

Vocabulaire et expression

4 a **Trouve la fin du premier mot et le début du deuxième. | Finde die Buchstaben, die das Ende des ersten Wortes bilden und den Anfang des zweiten.** ▶ Liste des mots, p. 200–204

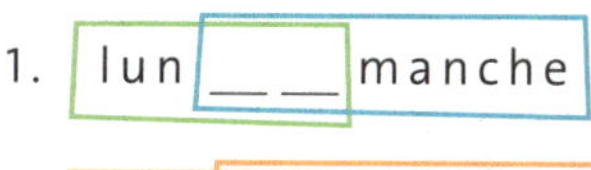

1. lun _ _ manche
2. bon _ _ _ _ née
3. cauche _ _ _ di
4. s _ _ _ _ mand
5. su _ _ _ manence
6. man _ _ _ piller
7. racon _ _ _ rain
8. pl _ _ tention

b **Écoute et compare avec tes résultats de a. | Hör zu und überprüfe deine Ergebnisse aus a.**

c **Écris un texte avec un maximum de mots de a. | Schreib einen Text über deinen Schulalltag und verwende dabei so viele Wörter aus a wie möglich.**

5 a **Trouve le verbe et des compléments. | Schreibe das passende Verb in die Mitte. Welche weiteren Ergänzungen findest du?** ▶ Liste des mots, p. 176–198

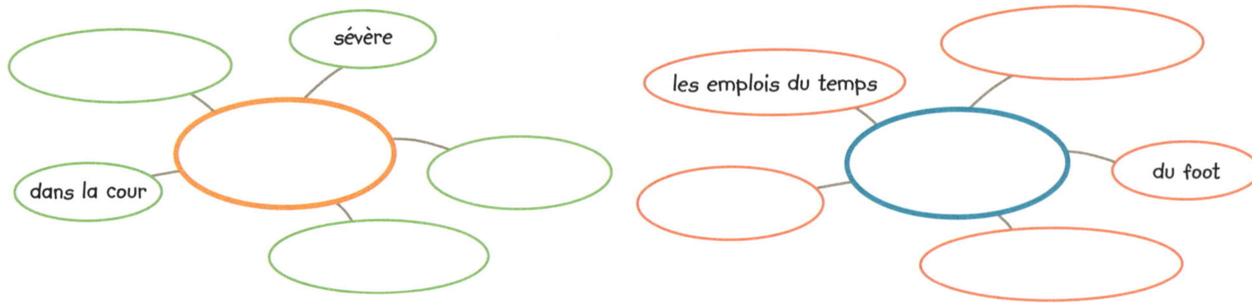

b **Décris les activités dans ton école. Écris dans ton cahier. Utilise les mots suivants et les expressions de a. | Beschreibe, was in deiner Schule los ist. Schreib in dein Heft und benutze die Wörter aus dem Kasten sowie die Ausdrücke von a.**

le/la principal/e • les élèves de sixième/cinquième • le/la documentaliste • le/la prof d'EPS / de français / __ • le/la surveillant/e • le/la CPE • la star du collège • mes amis et moi

Jouer

6 **Lis les informations et trouve les solutions. | Lies die folgenden Informationen und finde durch logische Schlussfolgerungen heraus, welcher Lehrer wie heißt und welches Fach er/sie unterrichtet.**

Informations :

1. Une professeure s'appelle Mme Merle.
2. Le prof de techno est en face de la prof d'histoire-géo.
3. À gauche de M. Fauchon, il y a Mme Blanc. Sa matière, ce sont les arts plastiques.
4. La prof d'histoire-géo est à droite de la prof de maths.
5. Mme Louis n'est pas prof de maths.

Médiation

7 Ton amie française Célia adore le sport. Elle a trouvé cet article et demande ton aide. Réponds à ses questions. | Deine französische Freundin Célia liebt Sport. Sie hat diesen Artikel gefunden und bittet dich um Hilfe. Beantworte ihre Fragen. ► Méthodes, p. 173/25

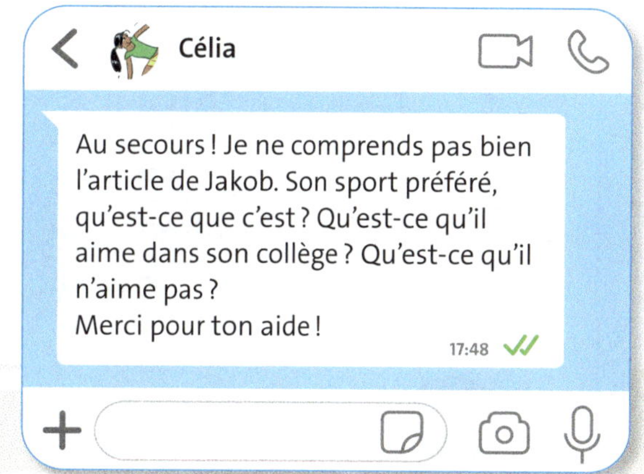

Jakob Schmidt

Mein Leben in der Sportschule

Mein Traum ist Profifußballer zu werden und deswegen besuche ich seit einem Jahr eine Sportschule. Ich finde meine Schule super! Zum Beispiel gibt es hier viele Sporteinrichtungen: 5 Fußballplätze, 5 Basketballfelder, eine Sporthalle, einen Fitnessraum, und viele Sport-AGs! (Aber so was wie eine Musik-AG oder eine Theater-AG kann man hier lange suchen, die gibt es nicht! ;-)

Die Lehrer sind zwar streng aber auch sehr gut, das macht Spaß!

Mit unseren 20 Stunden Sport pro Woche haben wir insgesamt zu viele Unterrichtstunden und zu wenig Freizeit. Am Mittwoch und am Freitag haben wir sogar Frühsport, da beginnt der Unterricht schon um 7 Uhr und geht bis 17 Uhr! Das fällt mir manchmal sehr schwer ... Zum Glück haben wir aber nicht viele Hausaufgaben. Die Lehrer sind da cool, sie kennen unseren Stundenplan.

Ein echter Schwachpunkt dieser Schule: Ich bin ständig mit Fußball beschäftigt und habe keine Freunde mehr in dem Viertel, in dem ich wohne, das ist sehr schade!

Im *Atelier d'écriture* trainierst du intensiv das Schreiben.

1 **Voilà le début d'une BD. « Traduis » les symboles. | „Übersetze" die Symbole.**

Il est [00:00] ____________

au collège. Tout est [●] ____________.

Mais dans la salle de SVT, Odilon

ouvre la 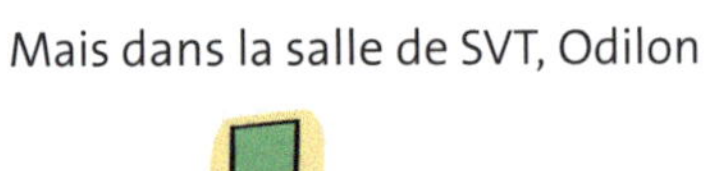 ____________

de son armoire. Il habite ici.

À  ____________,

Odilon visite souvent le collège.

C'est son heure…

2 **Complète la suite de l'histoire par les expressions suivantes :**

aller en salle de musique / d'arts plastiques / au CDI

aimer faire du piano • regarder une vidéo • dessiner • adorer le rouge

Odilon ____________

parce qu'il ____________

____________ !

Ensuite, il ____________.

Là, Odilon ____________

____________.

Il ______ aussi ____________

____________ pour ____________.

Il ____________ !

3 **Termine l'histoire d'après tes idées. | Beende die Geschichte nach deinen eigenen Ideen.**

Hier überprüfst du, ob du die Redewendungen, die Vokabeln und die Grammatik der Unité 4 beherrschst. Löse die folgenden Aufgaben ohne Hilfen und vergleiche deine Ergebnisse mit den Lösungen auf scook.de. ▶ Code, S. 1

Les mots pour le dire

1 **Qu'est-ce qui va ensemble ? Relie. | Was passt zusammen? Verbinde.**

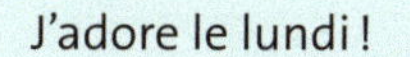

J'adore le lundi !	1	A	Vite !
Je déteste le jeudi !	2	B	C'est ma journée préférée !
J'oublie souvent mes affaires.	3	C	Vous faites trop de bruit !
Le sport est mon point faible !	4	D	Aujourd'hui, je n'ai pas mon livre.
Je suis pressé/e !	5	E	Je suis vraiment nul/le en EPS !
Parfois, Max est sympa et parfois il m'énerve.	6	F	C'est ma journée cauchemar !
J'aime les animaux et les plantes.	7	G	Au secours !
Mardi, je ne peux pas.	8	H	Ma matière préférée, c'est SVT.
Aah ! Il y a un rat dans les toilettes !	9	I	Ça dépend !
Chut !	10	J	J'ai club théâtre !

Das Verb *aller* und der zusammengezogene Artikel mit *à*

2 a **Complète par la bonne forme du verbe *aller*.**

1. Je ______________ à la cantine.
2. Nous ______________ à la salle des profs.
3. Les filles ______________ au club théâtre.

b **Complète par l'article contracté. | Ergänze mit dem zusammengezogenen Artikel mit *à*.**

1. Tu vas ________ CDI ?
2. La surveillante va ________ entrée.
3. Vous allez ________ toilettes ?

Die Possessivbegleiter *notre/nos, votre/vos, leur/leurs*

3 **Léon et Noël ont un problème avec leur prof de musique. Complète. | Ergänze.**

C'est ça, ____________ exposé ? Et en plus, vous n'avez pas ____________ affaires ?

Ils ne font pas ____________ devoirs ! Ils n'écoutent pas ____________ profs ! Et ____________ exposé est nul !

____________ prof est trop sévère ! Nous faisons toujours ____________ devoirs et nous avons toujours ____________ affaires !

Die Frage mit *est-ce que* und Fragewort

4 **Complète les questions par *quand/où/pourquoi/comment est-ce que*.**

1. ____________________ ça commence ?
2. ____________________ je suis nulle en SVT ?
3. ____________________ j'écris ? En bleu ou en noir ?
4. ____________________ il y a les solutions ?
5. ____________________ je fais pour trouver la bonne réponse ?
6. ____________________ on mange ?

Die Mengenangaben mit *de*

5 **Éva parle de son école. Complète le texte. | Ergänze den Text mit den Angaben in Klammern.**

Bonjour ! Je suis en cinquième A au collège Aristide Briand. Dans ma classe, nous sommes 32 élèves : 21 garçons et 11 filles. Je trouve qu'il y a ____________ *(zu viele)* garçons et qu'il ____ y a ____________ *(nicht genug)* filles. Depuis la rentrée, il ____ y a ____________ *(keine mehr)* club d'escalade au collège, c'est dommage. Mais il y a quand même ____________ *(viele)* clubs de sport, alors ça va. Le vendredi, nos profs ____ donnent ____________ *(keine)* devoirs. On a de la chance !

C-Test: Cocktail

6 **Les élèves de la sixième B donnent leur avis sur leur collège. Complète leur article pour un magazine. | Ergänze den Artikel der Schüler über ihre Schule.**

Salut ! Nous sommes des élèves de la sixième B. Le ma________, nous comme____________ toujours à 8 heu________ et l'aprè____________, nous term____________ entre 17 e___ 18 heures. C'________ nul! L'amb____________ est bo________ quand mê______ parce q______ nos survei____________ et n______ profs so______ sympa e___ parce q______ notre sa________ de cla________ est gra________ et jo________.

Les élè________ de l___ sixième A râl________ souvent : le________ profs n'expl____________ pas bi______ et le______ salle d___ classe e______ moche... Alors, chez nous, ça va !

Module 4 : À la cantine

1 a Écoute. Note la bonne réaction. | Hör zu. Welche Reaktionen passen? Schreibe die Nummer (1–5) zu den Ausdrücken. Ein Ausdruck bleibt übrig.

Hör dir erst einmal alle fünf Sätze an. Löse die Aufgabe erst beim zweiten Hördurchgang.

☐ Merci ! ☐ Qu'est-ce qu'il y a ? Ce n'est pas bon ? ☐ Mange un fruit ou un peu de pain.

☐ Tu me passes le sel, s'il te plaît ? ☐ Non, merci, je suis végétarien. ☐ Ah, moi aussi, j'ai soif !

b Trouvez une situation et jouez la scène. | Überlegt euch eine Situation für den in a übrig gebliebenen Ausdruck und spielt die Szene.

2 a Voilà des mots que tu ne connais pas. Lis la définition et trouve la bonne photo. | Diese Wörter kennst du nicht. Lies die Beschreibung und finde das passende Bild. Zu zwei Bildern gibt es keine Beschreibung.

1 **le petit pois** ☐ → Il est vert, il est très petit, c'est un légume. En Allemagne, on mange souvent les petits pois avec des carottes.

3 **la betterave** ☐ → C'est un légume. Il est rouge-noir et grand comme une pomme. On mange la betterave en salade.

2 **l'escalope végétale** ☐ → C'est un peu comme un steak, mais il n'y a pas de viande. C'est sympa pour les végétariens.

4 **la cerise** ☐ → C'est un fruit rouge. Les Français mangent les cerises, par exemple, dans un gâteau traditionnel, le clafoutis.

A B C D E F

★ b Décris les deux autres photos. | Beschreibe die Lebensmittel auf den anderen beiden Fotos in deinem Heft.

c Lis la BD.

3 **Complète par les formes du verbe *prendre*. | Ergänze mit den Formen von *prendre*.** ▶ Verbes, p. 175

★ 4 **Tu es en France avec tes parents. Vous allez au restaurant. | In einem Restaurant hilfst du deinen Eltern, die kein Französisch sprechen, bei der Bestellung. Lies die Sprechblasen und ergänze dann den Dialog.**

Du zum Kellner: Pardon monsieur, on a des questions. Ma mère a une allergie... Est-ce que ____________________

____ ?

Der Kellner: Oui, bien sûr, la terrine de saumon ! Il n'y a pas de tomates dans la terrine de saumon.

Du zu deiner Mutter: Also, ____.

Deine Mutter: Aha... und was heißt „terrine de saumon"?

Du zum Kellner: ____ ?

Der Kellner: La terrine de saumon, euh... le saumon est un poisson rose... la terrine est très bonne !

Du zu deiner Mutter: Es ist irgendwas mit Fisch.

Deine Mutter: Gut, Fisch esse ich gerne. Gibt es auch ein Hauptgericht ohne Tomate?

Du zum Kellner: Elle prend la terrine. Est-ce que ____ ?

Der Kellner: Oui, le gratin de poisson ou le bœuf aux carottes. Ce sont des plats sans tomates. Le bœuf aux carottes, c'est très bon aussi, c'est un plat typique de la région : de la viande avec des carottes !

Du zu deinen Eltern: ____

____.

Dein Vater: Wunderbar, dann nehme ich das „bœuf".

Du zum Kellner: ____.

Der Kellner: Très bien, merci. Pour le dessert, on va voir après.

Unité 5

Vocabulaire : La liste des courses

1 **Parmi ces aliments, souligne les produits d'origine animale. | Unterstreiche die Lebensmittel tierischen Ursprungs.**

la farine • le lait • les œufs • le pain • le beurre • le jambon • le miel • le fromage • le poivre • la viande • le riz • la crème • le sel • le sucre • le steak • le potiron

2 **Souligne l'intrus. Justifie ta réponse.**

1. le fromage • le lait • le beurre • le poivre ______________________
2. la salade • la viande • la carotte • la tomate ______________________
3. le riz • le coca • le jus de fruits • l'eau ______________________
4. la banane • la pomme • l'orange • l'œuf ______________________
5. le sucre • le miel • le sel • le chocolat ______________________

3 **C'est le week-end chez Gabin. Complète le dialogue. Utilise *du*, *de la*, *de l'* ou *des* + nom.**

Mme Morel : On est samedi, il faut faire les courses[1] pour le week-end.

M. Morel : On a ____du jambon____, ______________________, ______________________ et ______________________.

Mme Morel : Il faut des fruits : ______________________ et ______________________.

M. Morel : Pour ma soupe, il faut aussi des légumes : ______________________ et ______________________. Et il faut aussi ______________________, ______________________ et ______________________.

Gabin : Il faut des boissons : ______________________, ______________________ et ______________________. On fait un gâteau au chocolat, dimanche ?

Mme Morel : D'accord ! Alors, il faut ______________________, ______________________, ______________________, ______________________ et ______________________ !

Gabin : Il faut ______________________. On prend aussi ______________________ ?

M. Morel : Non, mais on prend ______________________. J'aime trop ça !

1 **faire les courses** einkaufen

Lire et comprendre

▸p. 112
▸p. 165

1 **Relis le texte et coche le bon résumé. | Lies den Text auf S. 112 und das Transkript auf S. 165 noch einmal durch und kreuze die richtige Zusammenfassung an.**

1 Jeanne veut passer la journée de dimanche avec ses amis. Ils veulent faire un pique-nique dans le parc de la Villette et aller ensuite à un atelier jardin. C'est gratuit ! Idriss a beaucoup de devoirs en allemand, mais Pia peut faire ses devoirs. Alors, il peut aller à l'atelier jardin, sa mère est d'accord. ☐

2 Jeanne veut passer la journée de dimanche avec ses amis. Ils veulent faire un pique-nique dans le parc de la Villette et aller ensuite à un festival de musique. C'est gratuit ! Idriss a beaucoup de devoirs ce week-end, mais Jeanne et Pia peuvent faire les devoirs avec leur ami. Alors, Idriss peut aller au festival avec ses amis, sa mère est d'accord. ☐

3 Jeanne veut passer la journée de dimanche avec ses amis. Ils veulent aller à un festival de musique dans le parc de la Villette. C'est gratuit ! Ensuite, ils veulent faire un pique-nique. Idriss a beaucoup de devoirs, mais le festival commence à 15 heures. Alors, il peut travailler dimanche matin et aller l'après-midi au festival avec ses amis, sa mère est d'accord. ☐

S'entraîner

2 a **Qu'est-ce qu'ils aiment ? Qu'est-ce qu'ils préfèrent ? Complète les phrases par des formes du verbe *préférer*.** ▶ Les verbes, p. 160

Denke an die Personalpronomen!

1. Jeanne aime le vert, mais elle ______ le bleu.
2. Noé aime les rats, mais ______ les lapins.
3. – Idriss, tu aimes le basket ? – Oui, mais ______ le foot.
4. Gabin, tu aimes les maths et la techno. Cool ! Mais ______ les maths ou la techno ?
5. Jeanne et Lili-Rose aiment les arts plastiques, mais ______ le théâtre.
6. – Qu'est-ce que vous aimez faire, le dimanche ? Qu'est-ce que ______ faire ?
   – Nous aimons être en famille, mais ______ passer le dimanche avec nos amis !

b **Et toi ? qu'est-ce que tu aimes (faire) ? Et qu'est-ce que tu préfères (faire) ? Écris deux phrases dans ton cahier.**

3 **Des jeunes veulent faire une surprise[1] à leur ami Mano. Ils préparent une chaîne téléphonique[2]. Complète par les formes du verbe *appeler*.** ▶ Les verbes, p. 160

Emma : Philippe, tu ______ Lou et Chloé. Ensuite, Lou ______ Damien.

Et Chloé et son frère ______ Emre.

Xénia : Et moi, j'______ qui ?

1 **la surprise** die Überraschung 2 **la chaîne téléphonique** die Telefonkette

Emma : Toi et moi, on ____________________ Leïla.

Philippe : Vous ____________________ qui ?

Xénia : Nous ____________________ Leïla !

☆ 4 a **-*ou*- ou -*eu*- ? Complète les formes des verbes *pouvoir* et *vouloir*.** ▶ Les verbes, p. 160

p__ __voir	
je p__ __x	nous p__ __vons
tu p__ __x	vous p__ __vez
il/elle/on p__ __t	ils/elles p__ __vent

v__ __loir	
je v__ __x	nous v__ __lons
tu v__ __x	vous v__ __lez
il/elle/on v__ __t	ils/elles v__ __lent

★ b **Qu'est-ce qu'ils (ne) peuvent (pas) faire ? Qu'est-ce qu'ils (ne) veulent (pas) faire ? Forme les phrases. | Bilde die Sätze mit Formen von *pouvoir* oder *vouloir*.** ▶ Les verbes, p. 160

1 les garçons • jouer au foot

2 l'enfant • manger sa soupe

3 tu • fermer la porte s'il te plaît

4 vous • jouer avec moi

5 je • manger du chocolat

6 nous • faire les crêpes sans œufs

1. Les garçons ne peuvent pas jouer au foot.
2. ____________________
3. ____________________
4. ____________________
5. ____________________
6. ____________________

Vocabulaire et expression

5 **Complète le dialogue. Attention, il y a une expression en trop !** ► Liste des mots, p. 201

on pourrait • ça marche • c'est gratuit • bonne idée • au secours • je voudrais bien • on se retrouve • c'est dommage • ça vous dit

Lili-Rose : Ce week-end, il y a un festival de danse. ________________________________ ?

Gabin : Bof ! Je n'aime pas trop la danse.

Idriss : Moi non plus, la danse, ce n'est pas mon truc. Mais ce week-end, il y a un atelier de théâtre près de chez moi. Ça commence samedi à 15 heures.

Jeanne : C'est cher ?

Idriss : Non, ________________________________.

Lili-Rose : Cool !

Noé : ________________________________ mais moi, ce week-end, je ne peux pas. Je suis chez ma mère.

Lili-Rose : ________________________________ ! Mais nous quatre, samedi, ________________ ________________ faire un pique-nique à la Coulée verte et aller ensuite à l'atelier.

Jeanne : ________________________________ !

Idriss : Oh oui, super ! J'apporte des fruits et du pain.

Lili-Rose : Et moi, j'apporte du fromage.

Gabin : ________________________________ au parc à 13 heures ?

Jeanne : D'accord ! Lili-Rose, je passe chez toi à 12 heures et on va au parc ensemble ?

Lili-Rose : ________________________________ !

Écouter et comprendre

6 **Écoute le message vocal de Tom, puis corrige les phrases dans ton cahier.**

1. Tom ne peut pas aller au cinéma avec Léo mercredi parce qu'il est chez son grand-père.
2. Il peut aller au cinéma avec son ami samedi à 13 heures : le film passe encore.
3. Il veut manger chez son ami et aller ensuite au cinéma.
4. Il veut préparer une entrée, un plat et un dessert.
5. Il veut manger un gâteau au chocolat en dessert.

Parler – Tandem

7 **Du (B) bist in Paris mit deinen Eltern für ein verlängertes Wochenende. Du möchtest mit einem französischen Freund / einer französischen Freundin (A) etwas unternehmen. Du rufst ihn/sie an. Spielt den Dialog. A geht ans Telefon und fängt somit an.**

1. A: Dein Telefon klingelt, melde dich.
   B: Salut ! C'est (Alex). Je suis à Paris avec mes parents ce week-end.
2. A: Grüße zurück und frage, wie es B geht.
   B: Super ! Qu'est-ce que tu fais demain ? On pourrait faire quelque chose ensemble.
3. A: Du findest, es ist eine gute Idee. Du schlägst vor, ins Kino zu gehen. Es gibt Alad' 2 im Grand Rex. Der Film ist toll!
   B: Je n'aime pas trop aller au cinéma.
4. A: Du sagst, dass es ein Musik- und Theaterfestival auf der *Coulée verte* gibt. Du fragst, ob das B zusagt.
   B: Oui, j'adore la musique et le théâtre. C'est cher ?
5. A: Du verneinst und sagst, dass es kostenlos ist.
   B: On se retrouve où ?
6. A: Du sagst, B kann bei dir um Mittag vorbeikommen, ihr könnt zusammen essen und danach zum Festival gehen.
   B: Ça marche ! J'apporte quelque chose ?
7. A: Du verneinst und bedankst dich. Du fragst B, ob er/sie Gemüseauflauf mag.
   B: Oui, mais je n'aime pas les carottes.
8. A: Das geht klar! Du machst einen Auflauf ohne Karotten.
   B: Merci.
9. A: Du verabschiedest dich und sagst „bis Morgen".
   B: À plus !

1. A: Allô !
   B: Du begrüßt A und sagst, wer du bist. Du sagst, dass du dieses Wochenende mit deinen Eltern in Paris bist.
2. A: Ah, salut ! Ça va ?
   B: Es geht dir super! Du fragst A, was er/sie morgen macht. Ihr könntet etwas zusammen unternehmen.
3. A: Bonne idée ! On pourrait aller au cinéma. Il y a Alad' 2 au Grand Rex. Le film est super !
   B: Du sagst, du möchtest nicht so gerne ins Kino gehen.
4. A: Il y a un festival de musique et de théâtre à la Coulée verte. Ça te dit ?)
   B: Du bejahst, du liebst Musik und Theater. Frage, ob es teuer ist.
5. A: Non, c'est gratuit !
   B: Frage, wo ihr euch trefft.
6. A: Tu peux passer chez moi, à midi, on mange ensemble et on va ensuite au festival.
   B: Das klappt! Frage, ob du etwas mitbringen sollst.
7. A: Non merci. Tu aimes le gratin de légumes ?
   B: Du bejahst, fügst aber hinzu, dass du Karotten nicht magst.
8. A: Ça marche ! Je fais un gratin sans carottes.
   B: Du bedankst dich.
9. A: Bon alors, salut et à demain !
   B: Du verabschiedest dich auch.

Jedes Jahr im Juni findet auf der Coulée verte das festival Coulée douce statt. Drei Tage lang bieten Straßenkünstler ein kostenloses Programm mit Darbietungen für jedes Alter und jeden Geschmack an. Es gibt Musik, Tanz, Artistik, Komik und viele Mitmach-Angebote.

Écrire

8 **Réponds à ce message. | Eine französische Freundin schreibt dir diese Nachricht. Du bist mit dem Vorschlag einverstanden und beantwortest die Nachricht. Schreibe mindestens 40 Wörter.**

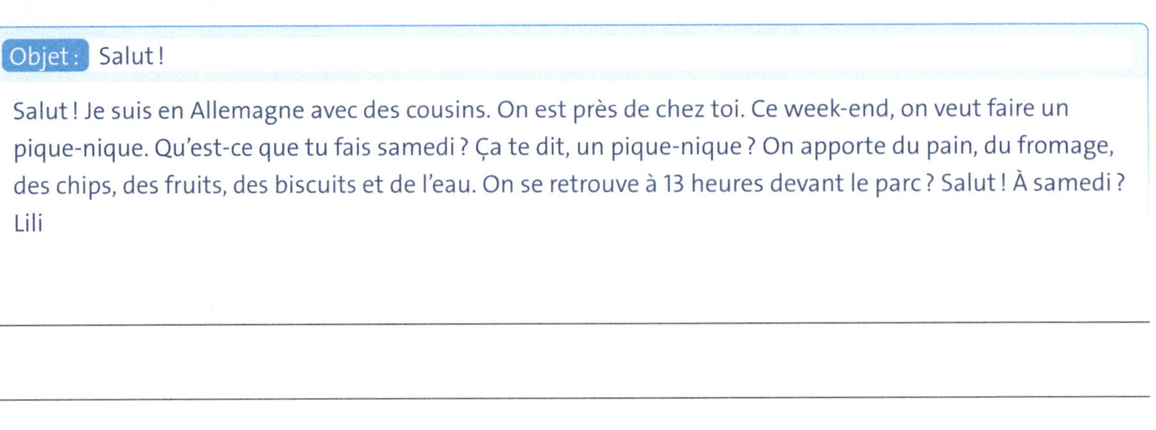
Objet : Salut !

Salut ! Je suis en Allemagne avec des cousins. On est près de chez toi. Ce week-end, on veut faire un pique-nique. Qu'est-ce que tu fais samedi ? Ça te dit, un pique-nique ? On apporte du pain, du fromage, des chips, des fruits, des biscuits et de l'eau. On se retrouve à 13 heures devant le parc ? Salut ! À samedi ?
Lili

Médiation

9 **Tu veux aller au cinéma avec un ami français et ta cousine Klara. Ta cousine t'écrit un message. Lis le message et explique l'essentiel à ton ami. | Lies die Nachricht und erkläre deinem Freund das Wichtigste.**

Klara

Hallo! Wo seid ihr? Seid ihr noch zu Hause? Ich bin immer noch bei meiner Freundin Greta. Wir backen einen Kuchen für den Geburtstag ihres Vaters. Er wird 40! Du kennst sie ja, sie kann nicht gut backen und ich muss ihr immer helfen! Es tut mir leid, aber ich kann nicht um 15 Uhr vor dem Kino sein. Außerdem möchte ich *Der Junge muss an die frische Luft* doch kein viertes Mal sehen. Aber ich habe eine andere Idee. Wir könnten uns um 16 Uhr vor dem Einkaufszentrum treffen und dort Shopping machen. Sagt euch das zu? Oder ihr geht ohne mich ins Kino. Sag mir bitte Bescheid. Bis dann! 14:16

Lire et comprendre

1 a Lis la bédé et explique la scène en allemand.

Pico Bogue, Cadence infernale (tome VII), Dargaud 2014, page 4

passe-moi reiche/gib mir ... **le croutch** *Fantasiewort* **garde ton uniforme sur la langue** → parle comme tout le monde **reste dans le troupeau** *etwa* tanz nicht aus der Reihe **va chercher la tarte aux abricots** geh und hol den Aprikosenkuchen / die Aprikosentarte **au lieu de t'exciter** anstatt dich aufzuregen **le zglouc** *Fantasiewort*

b Tu voudrais faire un pique-nique avec tes amis. Prépare un dialogue comme dans la BD, p. 77, pour le jouer en classe. Tu peux utiliser les éléments suivants. ▶ Méthodes, p. 157/23.1

Il y a __ • Va chercher __ • Est-ce que tu peux __ ? • Tu me passes __ ? • On dit __ • J'appelle ça __ • Tu parles comme tout le monde • Ça suffit ! • Qui veut __ ? • __

S'entraîner

2 a **Les jeunes veulent faire un pique-nique. Complète par les formes du verbe *acheter*.** ▶ Verbes, p. 160

Yasmine : Qu'est-ce que vous apportez pour notre pique-nique ? Moi, j'__________ des tomates et des carottes.

Pauline : Tu peux __________ du pain aussi ?

Yasmine : Oui, et vous, vous apportez quoi ?

Tao : Nous __________ du fromage et du jambon. Ça va ?

Amir : Vous __________ des boissons aussi ?

Yasmine : Oui, Pauline et moi, on __________ les boissons. Moi, j'__________ du coca et de l'eau et toi, Pauline, tu __________ du jus de fruits, d'accord ?

Pauline : D'accord ! Mais les garçons __________ du chocolat !

b Comparer les langues | **Finde in a, wie die Jugendlichen folgende unbestimmte Mengen angeben. Schreibe auf. Vergleiche die französischen und die deutschen Sätze. Was fällt dir auf?**

1. Kannst du Brot kaufen?
2. Ich kaufe Cola und Wasser.

3 a Qu'est-ce qu'il y a sur la table de la cuisine ? Note. ▶ Grammaire, p. 124/3

Il y a un paquet de

b Monsieur Delage fait ses courses au marché bio.
Écoute, puis note ce qu'il achète (cinq choses).
▶ Grammaire, p. 124/3

Tu peux écouter plusieurs fois le dialogue.

Vocabulaire et expression

4 Tu es en France et tu fais des courses. Note comment on dit les choses suivantes en français.
▶ Les mots pour le dire, p. 172/5 ; p. 173/7

Wie fragst du,

1. wie teuer etwas ist?

2. ob ihr genug Geld habt?

Wie sagst du,

3. dass etwas kostenlos ist?

4. dass etwas zu teuer ist?

Vocabulaire et expression

1 **Qu'est-ce qui ne va pas ? Corrige. | Hier ist etwas durcheinander geraten. Korrigiere den Text in deinem Heft.**

Pour le pique-nique, Marine apporte cinq biscuits, un paquet de jus de fruits, une bouteille de fromage, un peu de bananes et elle apporte aussi beaucoup de pain et 250 grammes de chips. Elle adore les chips !

2 **Trouve le contraire ou le mot opposé, puis récris les phrases. | Finde das Gegenteil oder den Gegensatz der unterstrichenen Wörter und schreibe die Sätze neu.** ► Liste des mots, p. 207

1. Le four est chaud. ______
2. La pâte est trop sucrée. ______
3. Elles sont moches, mes madeleines ! ______
4. La levure ? Elle est derrière toi ! ______
5. Le moule[1] est trop grand ! ______
6. La farine ? Elle est là, à gauche ! ______
7. Les pommes de terre ? Regarde sous la table. ______
8. Le truc, là, c'est cher ? ______
9. Ma sœur est bonne en cuisine ! ______
10. Tu prends un peu de lait pour la pâte ? ______

1 **le moule** die (Kuchen-)Form

S'entraîner

3 a **Tu entends ces nombres. Note-les en chiffres.** ► Nombres, p. 162

1. ______ 5. ______
2. ______ 6. ______
3. ______ 7. ______
4. ______ 8. ______

b **À toi ! Dicte des nombres comme en a à ton/ta partenaire. Il/Elle les écrit en toutes lettres, puis en chiffres. Corrigez ensemble.** ► Nombres, p. 162

Écouter et comprendre

4 a Tu es sur Radio Jeunes. Écoute et coche les bonnes réponses.

1. C'est ☐ mercredi. ☐ vendredi. ☐ samedi.
2. On donne une recette ☐ de quiche. ☐ de macarons. ☐ de crêpes.

b Qu'est-ce qu'il faut pour la recette ? Écoute encore une fois et entoure les bons dessins.

Écrire

5 Tu reçois ce message d'un ami francophone. Réponds-lui. | Du bekommst diese Nachricht von einem französischsprachigen Freund. Antworte ihm.

Objet : GÂTEAU

Salut ! Ça va ? Moi, ça va super bien ! J'ai beaucoup de devoirs pour le collège, mais l'ambiance est bonne dans ma classe et avec les copains, on rigole bien ! 😉 Vendredi, on fait un pique-nique avec le collège et je voudrais faire ton gâteau aux pommes. Il est trop bon. Miam ! Qu'est-ce qu'il faut pour ça ? À plus ! Matteo

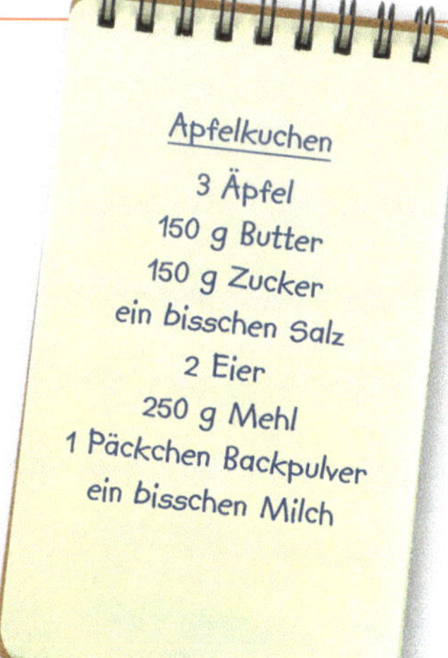

Objet : RE : GÂTEAU

Médiation

6 **In einer französischen Jugendzeitschrift findest du einen Artikel über das Essen auf den Antillen. Schreibe einem Freund, der mit seiner Familie eine Reise nach Guadeloupe unternehmen will, und kein Französisch kann, was ihn interessieren könnte. Du weißt, dass er Fisch aber kein Fleisch isst.** ▶ Méthodes, p. 155/20

Spécialités des six continents

Comme chaque semaine, nous vous présentons une région du monde et sa cuisine locale.

Aujourd'hui, nous allons aux Antilles, en Martinique et en Guadeloupe. Vous êtes prêts ? C'est parti !

Aux Antilles, on trouve du poisson bien sûr et beaucoup de fruits de mer comme la langouste, la crevette ou le crabe. Mais on trouve aussi partout de la viande et des légumes exotiques comme l'igname, le manioc, la cristophine ou la patate douce.

Dans les menus guadeloupéens ou martiniquais, il y a souvent des *accras* en entrée, ce sont des boulettes de poissons ou de légumes.

En plat, on peut manger beaucoup de spécialités de poissons ou de viande préparées en sauce avec des épices : du curry, de la coriandre, du gingembre ou du safran par exemple. Vous aimez le poisson ? Alors mangez un *blaff* (du poisson mariné dans du citron vert) ou prenez un poisson au four ou grillé.

Vous préférez la viande ? Il y a beaucoup de plats préparés avec du poulet, du mouton ou du porc et des épices. Le boudin créole est aussi une spécialité de cette région.

Le climat de la Martinique et de la Guadeloupe est tropical. Alors, on trouve des produits comme le sucre de canne, le citron vert, la vanille et, bien sûr, la noix de coco. En dessert, on trouve beaucoup de spécialités sucrées à la noix de coco : des pâtisseries, de la crème ou du flan. Et on trouve même de la confiture à la noix de coco !

Mais on mange aussi de la salade de fruits, préparée avec des fruits de la région : banane, ananas, mangue, carambole, pomme-cannelle, papaye, goyave, corossol, fruit de la passion, etc.

Quand on visite les Antilles, il faut aller au marché, l'ambiance est toujours sympa. En plus, c'est l'endroit idéal pour découvrir des fruits et des légumes exotiques. Et leurs formes sont souvent originales !

En plus !!

Sur notre site web, nous vous donnons la recette d'une spécialité sucrée : les *rochers à la noix de coco* et d'une spécialité salée : les *accras de légumes*.

Bon appétit !

Im *Atelier d'écriture* trainierst du intensiv das Schreiben.

1 **Trouve les aliments qui riment avec les prénoms et continue le poème dans ton cahier.**

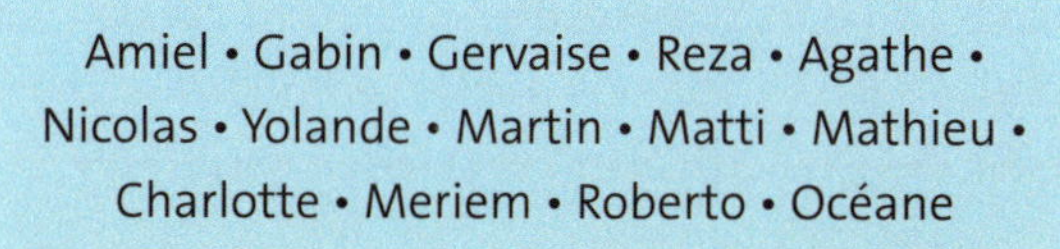

Amiel • Gabin • Gervaise • Reza • Agathe • Nicolas • Yolande • Martin • Matti • Mathieu • Charlotte • Meriem • Roberto • Océane

banane • carotte • chocolat • crème • fraises • gâteau • gratin • miel • pain • pizza • œufs • spaghettis • tomate • viande

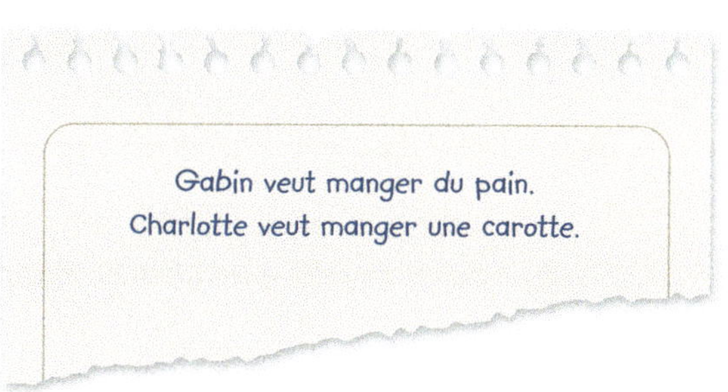

2 a **Qu'est-ce qu'il faut faire pour organiser un pique-nique ? Note tes idées.**

Pique-nique : Quoi ? une quiche aux légumes, __________

Les courses : Où ? au supermarché, __________

Les courses : Quoi ? des tomates, __________

Rendez-vous[1] avec les amis : Où ? devant le supermarché, __________

Rendez-vous avec les amis : Quand ? samedi, à 15 heures, __________

1 **le rendez-vous** die Verabredung

b **Lucas et Marie s'écrivent des messages. Ils veulent organiser un pique-nique pour l'anniversaire de la sœur de Lucas. Imagine leurs messages et écris-les. Utilise ta liste de a. Tu peux utiliser les éléments suivants.**

je (ne) peux (pas) • on se retrouve __ • on pourrait __ • bonne idée ! • Bof ! • elle (n') aime (pas trop) / adore / déteste ça • on prend __ ? • qu'est-ce qu'il faut __ ? • ça fait combien ? on a assez d'argent ? • __

Fais le point

Hier überprüfst du, ob du die Redewendungen, die Vokabeln und die Grammatik der *Unité 5* beherrschst. Löse die folgenden Aufgaben ohne Hilfen und vergleiche deine Ergebnisse mit den Lösungen auf scook.de. ▶ Code, S. 1

Wortschatz

1 **Note trois légumes, trois fruits, trois boissons, trois produits laitiers (*Milchprodukte*), trois produits à base de farine (*Mehlprodukte*) et trois produits sucrés. Écris dans ton cahier.**

Les mots pour le dire

2 **Tu es en France avec ta famille et tu écris à un ami français, Abdel. Écris les phrases dans ton cahier.**

1. Frage Abdel, was er morgen macht.
2. Schlage vor, ein Picknick zu machen.
3. Sage, dass du bei ihm um 11 Uhr vorbeikommst.
4. Sage, dass du Chips, Brot, Schinken und Obst mitbringst.
5. Frage ihn, ob er Getränke und Käse kaufen kann.

Die Verben *préférer* und *acheter*

3 **Complète les phrases par des formes des verbes *préférer (faire)* ou *acheter*.**

Léo : Les filles, qu'est-ce qu'on ____________________ pour le pique-nique ?

Marine : Moi, j'____________________ du jambon et deux baguettes. Et vous, vous ____________________ quoi ?

Omar : J'apporte un gâteau aux fruits. Vous ____________________ les pommes ou les fraises ?

Leïla : Moi, je ____________________ les fraises ! Mais Léo et Marine ____________________ les pommes…

Omar : Alors, j'apporte deux gâteaux !

Leïla : Cool ! Léo et moi, nous ____________________ du fromage et des boissons. Tu ____________________ les boissons et moi le fromage ou est-ce que tu ____________________ ____________________ le fromage ?

Léo : Non, non, c'est bon, j'apporte des boissons !

Die Verben *pouvoir* und *vouloir*

4 **Complète les phrases par des formes des verbes *pouvoir* ou *vouloir*.**

Léo : Où est-ce que vous ____________________ faire le pique-nique ? À la Coulée verte ?

Leïla : Bonne idée ! On se retrouve à midi, devant chez moi ?

Léo : Moi, je ne ____________________ pas être là à midi mais à 13 heures.

Leïla : Et vous, vous ____________________ être là à 13 heures ?

Marine : Oui, ça marche ! Omar, tu ____________________ apporter des jeux ?

Omar : Oui, pas de problème !

Léo : Omar et moi, nous ____________________ aller au cinéma à 16 heures. Ça vous dit aussi ?

Marine : Je ne ____________________ pas. Mes sœurs ____________________ faire quelque chose avec moi.

Omar : Elles ____________________ aller au cinéma avec nous !

Marine : Merci, mais on ____________________ acheter quelque chose pour notre mère. Elle a 45 ans demain !

Der Teilungsartikel

5 **Qu'est-ce qu'il y a aujourd'hui à la cantine ? Raconte à ton ami. Utilise *du* ou *de la*. Écris dans ton cahier.**

Entrée :
soupe de légumes ou
salade de tomates

Plat :
poisson avec riz à la tomate ou
steak avec gratin de légumes

Dessert :
salade de fruits ou
crème au chocolat

Die Mengenangaben

6 **Maïssa et Lina, les sœurs d'Idriss, font les courses. Complète le texte.**

Elles vont au marché et elles achètent ______________________________ .

Ensuite, elles vont au supermarché et elles achètent ______________________________ et

______________________________ .

C-Test : Cocktail

7 **Complète le dialogue.**

Lili-Rose et Jade sont au supermarché.

Lili-Rose : On ach_______ des bois_______ ?

Jade : On a d____ l'e______ à la mai_______, mais i____ faut d____ jus d____ fruits.

Lili-Rose : Ça suf_______, deux boute_______ de j______ ? ... Oh, i____ y a d____ jus d____ banane !

Jade : M______, je pré_______ le j______ d'ana_______ ! ... On pr_______ du jam_______ ?

Lili-Rose : Ça co_______ combien, l____ kilo ? ... 45 eu_______ ! Non, c'e______ trop ch______ !

Jade : Oh, i______ ont d______ madeleines ! O____ achète u____ paquet d____ madeleines ?

Lili-Rose : On pe______ faire d______ madeleines à l____ maison. J_______ la rec_______ de Gabin.

Module 5 : Joyeux anniversaire !

1 a **Retrouve les mois de l'année, puis écris-les dans le bon ordre.**

marsjuinseptembrejanvieraoûtoctobreavriljuilletdécembrefévriermainovembre

1. ______ 4. ______ 7. ______ 10. ______

2. ______ 5. ______ 8. ______ 11. ______

3. ______ 6. ______ 9. ______ 12. ______

b **C'est quand ? Réponds.**

1. Mon anniversaire, c'est ______
2. L'anniversaire de mon ami/e, c'est ______

2 a **Qu'est-ce que Florent veut faire pour son anniversaire ? Note.**

Pour son anniversaire, Florent veut faire un gâteau, ______

______

______

______

b **Et toi, qu'est-ce que tu veux faire ? Trouve des idées et note.**

Pour mon anniversaire, je veux ______

______

3 **Dalia fait une fête pour son anniversaire. Écoute la conversation entre les trois jeunes, puis complète les phrases. | Hör dir das Gespräch unter den drei Jugendlichen an und vervollständige die Sätze.**

1. L'anniversaire de Dalia, c'est ______
2. Elle fait une fête le ______
3. L'anniversaire de Nathan, c'est ______
4. Il ne fait pas de fête pour son anniversaire parce que ______
5. L'anniversaire d'Élisa, c'est ______

6. Élisa fête Noël[1] chez ses grands-parents, alors, elle ______________________________

____

7. Pour sa fête, Dalia veut aller ______________________________, faire une soirée barbecue[2] et ______________________________.

1 Noël Weihnachten **2 une soirée barbecue** ein Grillabend

4 a **Remplace les dessins par des mots et trouve le bon ordre du dialogue. Note (1–12). | Ersetze die Bilder durch Wörter und stelle die richtige Reihenfolge des Dialogs wieder her.**

☐ – Il adore les  ______________.

☐ – Ce n'est pas une bonne idée… Les  ______________, ce n'est pas son truc. Il préfère les  ______________. Et un  ______________, c'est trop cher.

1 – Est-ce que tu as déjà un  ______________ pour Mathéo ?

☐ – C'est samedi et il fait une  ______________.

☐ – Oui, mais qu'est-ce qu'on achète ? Qu'est-ce qu'il aime ?

☐ – Ah oui, c'est vrai ! On pourrait faire un  ______________ ensemble ?

☐ – Cool ! Alors, on achète un  ______________ !

☐ – Oui, c'est sympa. On se retrouve demain à  ______________ chez moi ?

☐ – Alors, on achète un  ______________ sur les chats.

☐ – Super ! Et on fait un  ______________. Ça te dit ?

☐ – Ça marche ! À demain !

☐ – Non ! C'est quand, son  ______________ ?

b **Maintenant, écoute et vérifie tes réponses. | Hör dir den Dialog an und überprüfe deine Antworten.**

c **Prenez le dialogue de b comme modèle et écrivez un dialogue à deux dans votre cahier pour l'anniversaire d'un/e ami/e. Puis jouez la scène en classe.**

Comment s'appelle votre ami/e ?

C'est quand, son anniversaire ?

Vous avez combien d'argent ?

Qu'est-ce qu'il/elle aime ?

Qu'est-ce que vous voulez faire ?

Qu'est-ce que vous pouvez acheter ?

Module 6 : Une carte postale

▸ p. 134

1 **Lis les cartes postales, p. 134, puis réponds aux questions.**

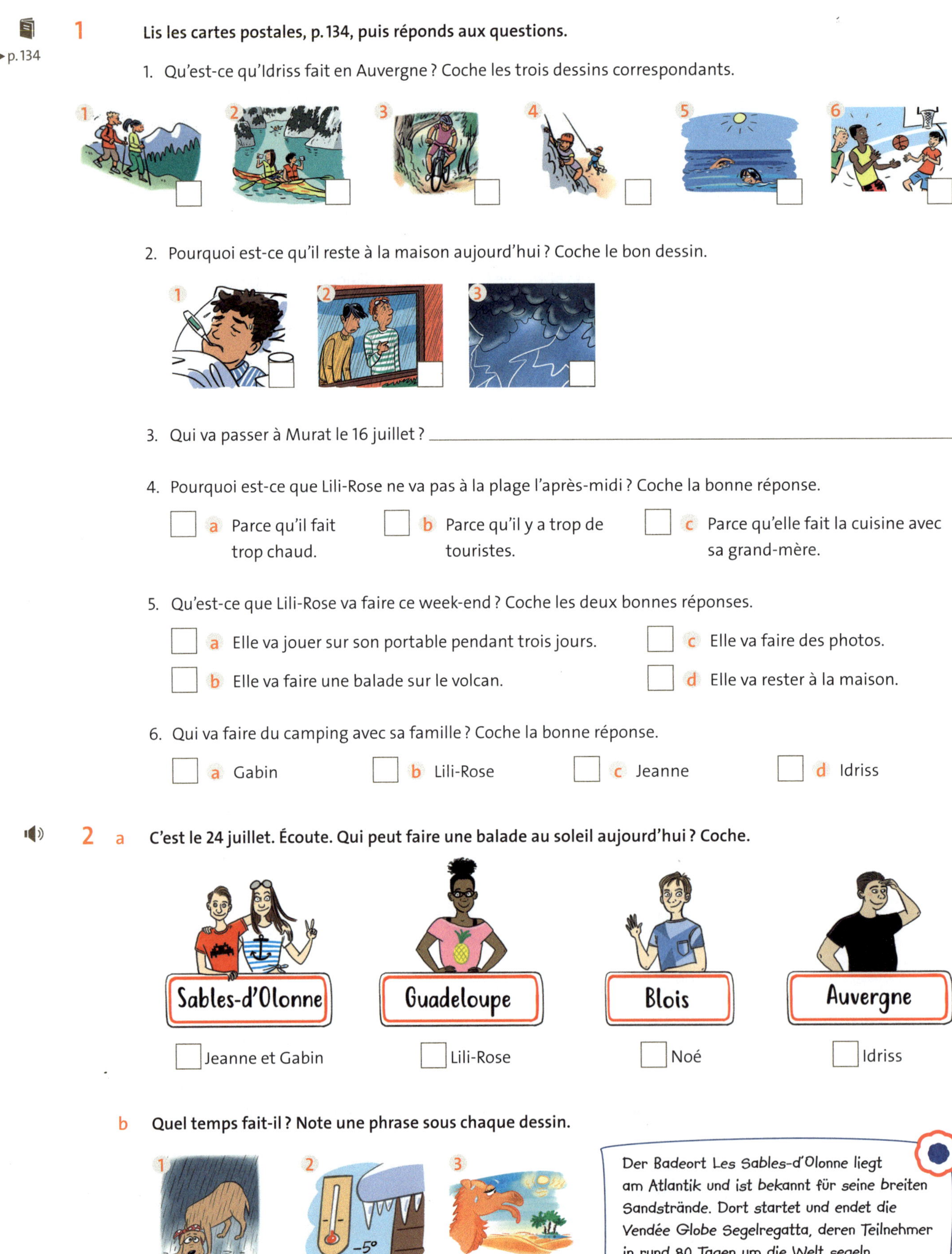

1. Qu'est-ce qu'Idriss fait en Auvergne ? Coche les trois dessins correspondants.

1 ☐ 2 ☐ 3 ☐ 4 ☐ 5 ☐ 6 ☐

2. Pourquoi est-ce qu'il reste à la maison aujourd'hui ? Coche le bon dessin.

1 ☐ 2 ☐ 3 ☐

3. Qui va passer à Murat le 16 juillet ? ____________________

4. Pourquoi est-ce que Lili-Rose ne va pas à la plage l'après-midi ? Coche la bonne réponse.

☐ a Parce qu'il fait trop chaud.
☐ b Parce qu'il y a trop de touristes.
☐ c Parce qu'elle fait la cuisine avec sa grand-mère.

5. Qu'est-ce que Lili-Rose va faire ce week-end ? Coche les deux bonnes réponses.

☐ a Elle va jouer sur son portable pendant trois jours.
☐ b Elle va faire une balade sur le volcan.
☐ c Elle va faire des photos.
☐ d Elle va rester à la maison.

6. Qui va faire du camping avec sa famille ? Coche la bonne réponse.

☐ a Gabin ☐ b Lili-Rose ☐ c Jeanne ☐ d Idriss

2 a **C'est le 24 juillet. Écoute. Qui peut faire une balade au soleil aujourd'hui ? Coche.**

☐ Jeanne et Gabin ☐ Lili-Rose ☐ Noé ☐ Idriss

b **Quel temps fait-il ? Note une phrase sous chaque dessin.**

1 ____________ 2 ____________ 3 ____________

Der Badeort Les Sables-d'Olonne liegt am Atlantik und ist bekannt für seine breiten Sandstrände. Dort startet und endet die Vendée Globe Segelregatta, deren Teilnehmer in rund 80 Tagen um die Welt segeln.

3 Fais les mots croisés. | Löse das Kreuzworträtsel.

▶ Liste des mots, p. 205–206

Adèle veut téléphoner. Elle cherche son 1.

Je voudrais faire un 2 à Jean.

Tu restes 3 en Auvergne ?

L'escalade, je trouve que c'est 4.

Cem adore faire du camping et être 5.

Tu préfères la 6 ou la 7 pour aller en vacances ?

8, on mange un gratin de légumes et après, il y a un dessert.

Mes parents font une 9 de quatre heures.

Aujourd'hui, il y a du 10 et il fait chaud.

À 11, j'espère !

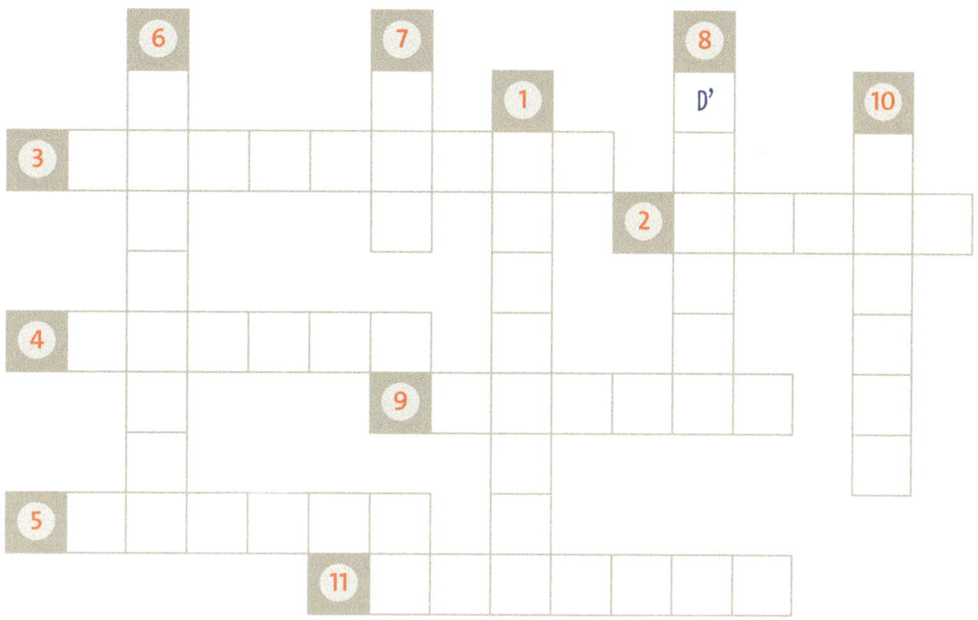

4 On cherche Jade ! Complète par les formes du verbe *aller*.

▶ Verbes, p. 161

☆ **5** **Olivia chatte avec ses copines. Complète leur chat par des formes au futur composé.** ▶ Grammaire, p. 125/7

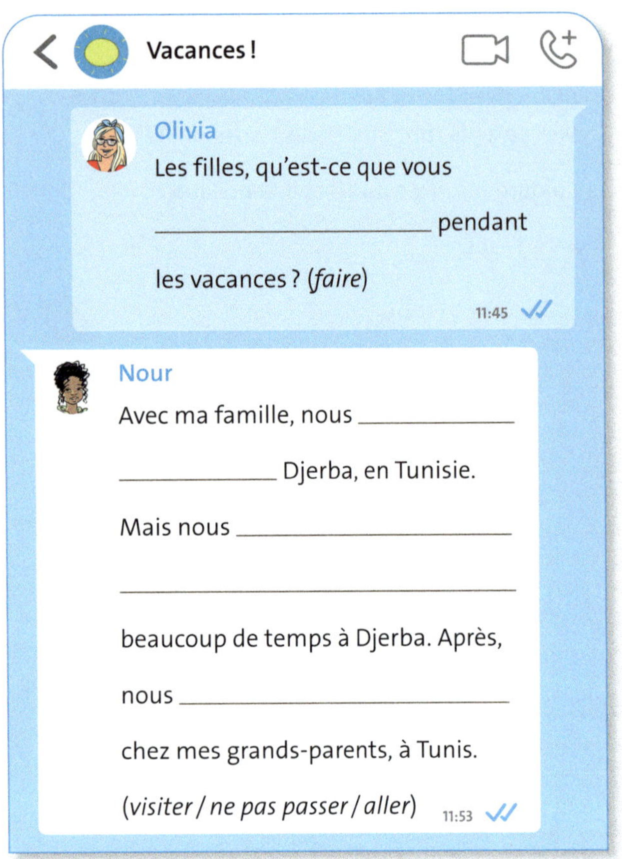

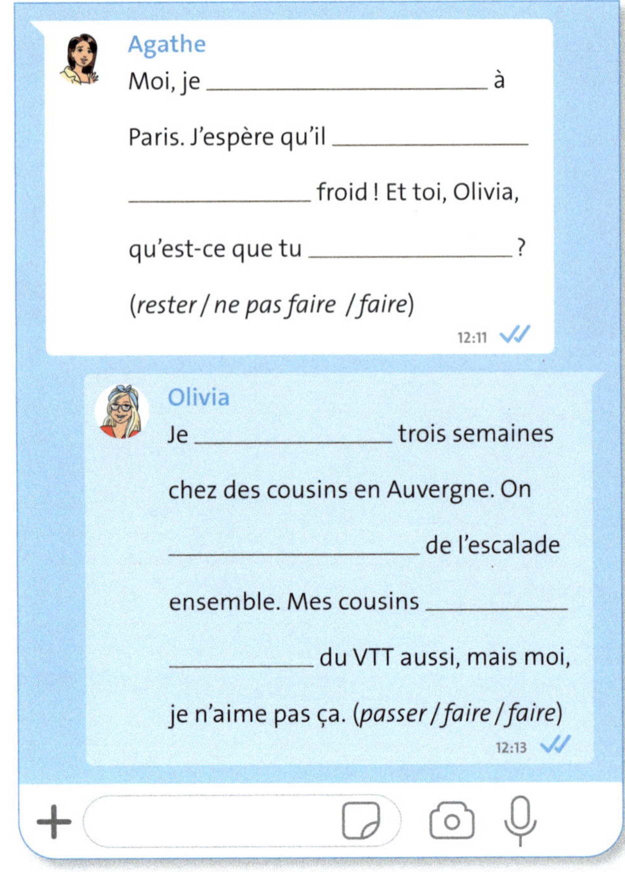

6 **Dein/e neue/r Nachbar/in (B) kommt aus Frankreich und kann noch nicht so gut deutsch. Du (A) unterhältst dich mit ihm/ihr über eure Pläne für das Wochenende. Verwendet das *futur composé*.** ▶ Grammaire, p. 125/7

A

1. **A: Begrüße B und frage, was er/sie an diesem Wochenende machen wird.**
   B : Je vais aller au terrain de sport avec mes frères et sœurs.
2. **A: Hake nach, was sie auf dem Sportplatz tun werden.**
   B : Nous allons / On va jouer au basket et nous allons / on va écouter de la musique.
3. **A: Frage, ob B auch in die Stadt gehen wird.**
   B : Oui, mais je ne vais pas faire les courses. Et toi, qu'est-ce que tu vas faire ce week-end ?
4. **A: Sage, dass du zunächst lange im Bett bleiben wirst.**
   B : Est-ce que tu vas regarder des films au lit ?
5. **A: Bejahe und sage, dass du danach mit deinen Freunden chatten wirst, aber dass du nicht dein Zimmer aufräumen wirst.**
   B : Moi non plus. À lundi !

B

1. A : Salut ! Qu'est-ce que tu vas faire ce week-end ?
   B: Sage, dass du mit deinen Geschwistern zum Sportplatz gehen wirst.
2. A : Et qu'est-ce que vous allez faire au terrain de sport ?
   B: Berichte von euren Plänen: Ihr werdet Basketball spielen und Musik hören.
3. A : Est-ce que tu vas aller en ville aussi ?
   B: Bejahe und betone, dass du aber nicht einkaufen wirst. Frage dann zurück, was A am Wochenende machen wird.
4. A : D'abord, je vais rester longtemps au lit.
   B: Frage, ob A im Bett Filme schauen wird.
5. A : Oui, et après, je vais chatter avec mes copains. Mais je ne vais pas ranger ma chambre !
   B: Sage, du auch nicht. Verabschiede dich: bis Montag.

7 a **Chloé écrit à ses parents. Complète la carte postale. | Vervollständige Chloés Postkarte, indem du zunächst die Zeichnungen in Wörter „übersetzt" (gelbe Lücken).**

La colo[1] en Vendée est ________ ! ________, on va à la ________ et on fait des jeux. ________, on fait un pique-nique avec des ________ et des salades.

________, il fait trop ________, alors, on rentre pour ________.

________, on peut faire des ateliers : cuisine, danse, techno, ... Moi, je fais du ________ !

________, on reste longtemps dehors et on fait de la ________ ensemble.

________, ________, c'est dommage. J'espère qu'il va ________

________ parce qu'il y a un spectacle au bord de la ________ ! Et vous, ça va ?

________, Chloé

1 la colo / la colonie de vacances das Feriencamp

b **Ergänze folgende Zeit- und Strukturwörter, damit der Text leichter lesbar wird (orange Lücken):**

aujourd'hui • demain • le matin • l'après-midi • le soir • après • parfois

c **Ergänze einen Ort und ein Datum, die Begrüßung und die Verabschiedung (graue Lücken).**

d **Überprüfe, ob alle Vorgaben der *fiche d'écriture* auf Seite 136 in deinem Buch erfüllt sind.**

8 Comparer les langues : **Auf einem Reiseblog findest du Beiträge von Jugendlichen, die über ihre Lieblingsregion in Frankreich sprechen. Lies die Texte und beantworte die folgenden Fragen in deinem Heft:**

1. In welchen Sprachen außer Französisch sind die Beiträge formuliert?
2. Welche Orte in Frankreich empfehlen die Jugendlichen? Was möchten sie dort machen?
3. Was hast du sonst noch verstanden? Und wie?

Je m'appelle Louna. J'ai 14 ans et j'habite à Strasbourg. En été, je vais souvent en Bretagne avec ma famille. Mon endroit préféré, c'est Arzon, près de Vannes. Il ne fait pas très chaud, il pleut souvent et la mer est froide, mais c'est l'endroit idéal pour faire du canoë. Et il y a des plages très belles !

Hola, me llamo Ana, tengo 14 años y vivo en Sevilla. Normalmente, por las vacaciones de verano, mi padre y yo pasamos dos semanas en los Pirineos franceses. Primero estamos en Laàs, una ciudad con un festival de música fantástico. Y por el resto del tiempo, vamos a la montaña, a hacer excursiones y a escalar. Cuando hace calor hacemos camping y cuando hace frío vamos al hotel.

Ciao, mi chiamo Francesco. Ho 13 anni e abito a Pisa. Nell'estate vado sempre in vacanze con la mia famiglia. Andiamo in treno in Francia, a Cassis, una città presso Marseille. È fantastico: la spaggia e bella, il mare e caldo, facciamo del beach volley tutto il giorno, ci abbronzamo e mangiamo dei "beignets" (pasticcerie tipiche). E la sera, quando fa piu freddo, facciamo dei giochi o guardiamo la tivu.

Conseil de famille chez les Morel

C'est bientôt les vacances. Pour Monsieur Morel, le père de Gabin, c'est le moment : il organise un conseil de famille. Le conseil de famille, c'est une tradition chez les Morel. Les parents et les trois enfants sont là. M. Morel pose sa question préférée.

Mais la réponse est toujours un peu compliquée. Le père, la mère et les enfants ne sont pas toujours d'accord et souvent, ils discutent, ils discutent, ils discutent longtemps.

La mère de Gabin aime l'eau et le soleil. Le problème des vacances pour elle : est-ce qu'elle veut d'abord nager dans la mer ou d'abord bronzer sur la plage ? En vacances, elle veut surtout être tranquille et profiter de l'été.

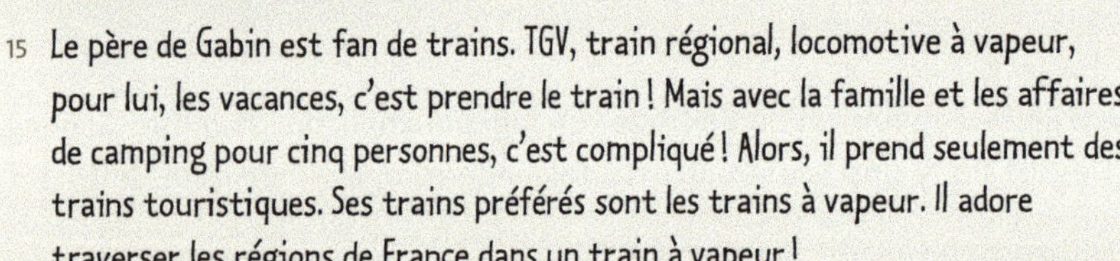

Le père de Gabin est fan de trains. TGV, train régional, locomotive à vapeur, pour lui, les vacances, c'est prendre le train ! Mais avec la famille et les affaires de camping pour cinq personnes, c'est compliqué ! Alors, il prend seulement des trains touristiques. Ses trains préférés sont les trains à vapeur. Il adore traverser les régions de France dans un train à vapeur !

Arthur, 7 ans, veut visiter un maximum de châteaux. Son rêve : habiter dans un château et avoir la vie d'un chevalier. Arthur a beaucoup d'imagination.

Hugo, 9 ans, aime faire du sport et des compétitions. Il aime les balades en VTT (50 kilomètres sans problème !), il adore faire de l'escalade (surtout à la montagne) ou du canoë (à la montagne aussi parce que ça va vite !). Il veut toujours être le premier partout !

le conseil de famille der Familienrat **les Morel** die Morels (Gabins Familie) **cette année** dieses Jahr **nager** schwimmen
bronzer sich bräunen **être tranquille** seine/ihre Ruhe haben **profiter de qc** etw. genießen
le TGV (Train à Grande Vitesse) *französischer Hochgeschwindigkeitszug* **à vapeur** Dampf- **le chevalier** der Ritter

Et Gabin ? Gabin aussi a ses idées... Il aime les sciences et les jeux vidéo, alors son rêve, c'est d'aller au Futuroscope, un parc d'attractions sur le thème des sciences et du futur ! Au Futuroscope, on peut faire des loopings de folie, il y a des tonnes d'effets spéciaux et il y a même une discothèque avec des robots ! Mais chut ! Gabin ne veut pas encore parler du Futuroscope à ses parents. Il a une tactique. Il veut d'abord présenter son plan. Son plan est génial.

Gabin regarde ses feuilles. Il est très bien préparé. Il a tout : les noms des villes et des villages, les distances entre les endroits, les horaires des trains, les adresses des clubs de sport... et bien sûr le prix d'entrée du Futuroscope, mais le Futuroscope, c'est encore un secret. Il explique :

« Voilà mon idée. D'abord, on va à Chambord. Chambord, c'est LE château des rois de France. C'est un château de rêve ! Arthur va adorer ! Il est à côté de Blois, ce n'est pas loin de Paris : 180 kilomètres. Il faut deux heures en voiture. » Et en secret, Gabin pense : « Et comme ça, je pourrais faire coucou à Noé et Bandit à Blois ! »

« Ensuite, on va à Mortagne-sur-Sèvre, en Vendée. C'est à 215 kilomètres de Chambord. Là, il y a un train à vapeur. Le parcours est très joli. Le train passe dans des tunnels et sur des ponts, c'est super pour Papa ! Mais on peut aussi visiter la région en canoë. Il y a un parcours de 30 kilomètres sur la rivière. C'est sportif. Hugo va adorer ! » Et en secret, Gabin pense : « Moi, le canoë, ce n'est pas mon truc, mais je pourrais rester au bord de l'eau et filmer la scène avec mon drone ! »

« Après Mortagne-sur-Sèvre, on va aux Sables-d'Olonne. C'est à 100 kilomètres, au bord de l'océan Atlantique. La plage est jolie et très grande, la mer est chaude, Maman va adorer et il y a un camping super. » Et en secret, Gabin pense : « En plus, Jeanne et ses parents passent leurs vacances aux Sables-d'Olonne ! C'est trop cool ! ! »

de folie *fam.* Wahnsinns- **les horaires** *m. pl.* die Fahrzeiten **le prix d'entrée** der Eintrittspreis **le roi / la reine** der König / die Königin **le parcours** die Strecke **le pont** die Brücke **Ça vous plaît ?** Gefällt euch das?

Arthur et Hugo sont enthousiastes. Les parents aussi trouvent les idées de Gabin intéressantes. Mais ils ne sont pas encore tout à fait d'accord.

Mais il faut organiser tout ça ! C'est beaucoup de travail ! Je ne sais pas...

Mais non ! Ce n'est pas un problème, tout est LÀ ! J'ai déjà les informations ! Regarde !

TAP TAP

CLAC

Tu penses à tout le monde. Mais toi, Gabin ? Il y a un truc intéressant pour toi dans tout ça ?

Oh moi ? Je suis content si vous êtes contents.

Mais si vous voulez, on peut aussi aller au FUTUROSCOPE. C'est un parc d'attractions. Regardez, il est là, entre les Sables-d'Olonne et Paris. C'est vraiment l'endroit idéal pour faire une pause sur la route du retour !

enthousiaste *adj.* begeistert **tout à fait** ganz **penser à qn/qc** an jdn/etw. denken **content/contente** *adj.* zufrieden **si** wenn **la route du retour** der Rückweg

1 **Lis le début de l'histoire à la page 92 et réponds aux questions : de qui et de quoi est-ce qu'on parle ? Note.**
▶ Méthodes, p. 154/18

____

2 a **Relis le texte de la ligne 1 à la ligne 31. Qu'est-ce que les parents de Gabin et ses frères aiment faire pendant les vacances ? Note.**

Mme Morel : ______________________________

M. Morel : ______________________________

Arthur : ______________ Hugo : ______________

b **Et Gabin ? Son rêve, qu'est-ce que c'est ? Note.**

____

3 a **Lis les lignes 32 à 53. Quels endroits est-ce que Gabin propose et pourquoi ?**

Gabin propose Chambord, parce que ______________________________

____

b **Et Gabin ? Qu'est-ce qu'il veut faire à ces endroits ? Coche les bons dessins. Il y a deux dessins en trop.**

1 ☐ 2 ☐ 3 ☐ 4 ☐ 5 ☐

c **Retrouve le parcours de la famille Morel sur une carte. | Verfolge die Reiseroute, die Gabin seiner Familie vorschlägt, mithilfe eines Online-Routenplaners. Wie lang ist die Strecke insgesamt? Kreuze an.**

Trage die Orte, die die Morels ansteuern möchten, in die Suchfelder ein. Dabei können dir folgende Postleitzahlen nützlich sein: 41250, 75012, 85100, 85290, 86360

☐ 800–950 km ☐ 950–1000 km ☐ 1000–1150 km ☐ 1150–1250 km

4 a **Lis le texte à la page 94. Comment est-ce que la famille de Gabin réagit ? Relie. | Wie reagiert Gabins Familie auf seinen Vorschlag? Verbinde. Ein Smiley bleibt übrig.**

Arthur et Hugo Mme Morel M. Morel

b **Imagine : tu es Gabin et tu écris un petit message à Jeanne. | Schreibe aus der Sicht von Gabin eine kurze Nachricht an Jeanne. Schreibe in dein Heft.**

Quellenverzeichnis

Illustrationen: **Laëtitia Aynié** S. 4, 5, 28/8a, 49 *Schildkröte, Katze, Ratte, Noten, Ball*, 51 *Ball, Gitarre, Noten*, 52 A–F, 66 *Uhr*, 88/2a, Portfolio-Seiten C, D, E, F; **Hélène Badault** S. 92, 93, 94, 95; **Christian Badel** Portfolio-Seiten A, G; **Laurent Lalo** 6 *Karte*, 8, 9, 10, 11, 12, 16, 21, 23, 26, 27, 28 *Julius*, 30, 33, 34, 36, 37, 39, 40, 41, 42, 44, 46, 49 ob., *Eiffelturm, Park, Sieben, Fünf, Bad, Küche, Neun*, 50, 51 *Masken, Klavier, Kletterer, Karate*, 52 1-6, 54, 58, 59, 60, 62, 64, 65, 66 *alle außer Uhr*, 67, 68, 69, 70, 73, 79, 80, 81, 85, 86, 87, 88 *alle außer 2a*, 89, 90, 91

Abbildungen: **U1** *li.* Shutterstock.com/topseller, *re.* Shutterstock.com/Florencia Belen Marsengo; **S. 6** *1* mauritius images/alamy stock photo/Sheila Halsall, *2* mauritius images/alamy stock photo/René van den Berg; **S. 9** *ob. re.* Shutterstock.com/Sasa Prudkov, *Daumen* Shutterstock.com/Lemberg Vector studio (+ S. 16); **S. 14** *ob. re.* stock.adobe.com/Francois, *un. li.* mauritius images/Photononstop, *un. Mi.* stock.adobe.com/Alexander Demyanenko, *un. re.* Shutterstock.com/Richie Chan; **S. 15** *ob. li.* Shutterstock.com/yurakrasil, *Mi. li.* Shutterstock.com/Song_about_summer, *Mi. Mi.* stock.adobe.com/chrisdorney, *Mi. re.* stock.adobe.com/Iryna Nazarova; **S. 17** *un. li.* Shutterstock.com/Yana Tomashova, *un. 2. v. li.* Shutterstock.com/Faya Francevna, *un. 2. v. re.* Shutterstock.com/GoodStudio, *un. re.* Shutterstock.com/dedMazay; **S. 18** Shutterstock.com/Ilike; **S. 19** Shutterstock.com/Dmitry Kalinovsky; **S. 20** stock.adobe.com/ashbringer; **S. 21** *un. re.* Shutterstock.com/showcake; **S. 22** *1* Shutterstock.com/anetapics, *2* Shutterstock.com/Alta Oosthuizen, *3* Shutterstock.com/Pakhnyushchy, *4* Shutterstock.com/JIANG HONGYAN, *5* Shutterstock.com/Esin Deniz; **S. 23** *un.* Shutterstock.com/Sudowoodo; **S. 24** *1* Shutterstock.com/altanaka, *2* Shutterstock.com/CREATISTA, *3* Shutterstock.com/benjasanz, *4* Shutterstock.com/Denis Kuvaev; **S. 25** *un. li.* Shutterstock.com/Lapina, *un. 2. v. li.* Shutterstock.com/Monkey Business Images, *un. 2. v. re.* Shutterstock.com/Kamira, *un. re.* Shutterstock.com/Monkey Business Images; **S. 26** *un.* Shutterstock.com/Robert Bleecher; **S. 27** *un. li.* Shutterstock.com/Dmitry Morgan; **S. 28** *1* Shutterstock.com/tsinik, *2* Shutterstock.com/Glinskaja Olga, *3* Shutterstock.com/AnaBoo, *4* Shutterstock.com/Aleksangel, *5* Shutterstock.com/IhorZigor, *6* Shutterstock.com/spb2015, *Smileys* stock.adobe.com/elena_garder; **S. 29** Shutterstock.com/Picsfive; **S. 31** Shutterstock.com/VH-studio; **S. 33** Shutterstock.com/Kiselev Andrey Valerevich; **S. 34** Shutterstock.com/Dragon Images; **S. 35** Shutterstock.com/canadastock; **S. 37** Shutterstock.com/Goncharovaia; **S. 39** Shutterstock.com/Photographee.eu; **S. 43** Shutterstock.com/Monkey Business Images; **S. 44** *Amélie* stock.adobe.com/Darren Baker, *Nathan* Shutterstock.com/Arina P Habich, *1* Shutterstock.com/Monkey Business Images, *2* Shutterstock.com/Oksana Shufrych, *3* Shutterstock.com/Africa Studio; **S. 48** *ob. Karte* stock.adobe.com/Aurélien Antoine, *Mi.* Shutterstock.com/WDG Photo, *un.* stock.adobe.com/Atlantis; **S. 49** Shutterstock.com/Kartouchken; **S. 51** stock.adobe.com/Viacheslav Lopatin/scaliger; **S. 56** *ob.* Shutterstock.com/Oksana Kuzmina, *un.* Shutterstock.com/Pavlo S; **S. 57** *Smileys* Shutterstock.com/PremiumVector; **S. 58** Shutterstock.com/ricochet64; **S. 60** Shutterstock.com/Tyler Olson; **S. 63** Shutterstock.com/KateStone; **S. 65** Shutterstock.com/Monkey Business Images; **S. 69** *A* Shutterstock.com/Ollinka, *B* Shutterstock.com/DorotaM, *C* Shutterstock.com/Kodda, *D* Shutterstock.com/Damian Lugowski, *E* Shutterstock.com/AlexeiLogvinovich, *F* Shutterstock.com/Marian Weyo; **S. 71** *v. ob. li. nach un. re. 1* stock.adobe.com/rdnzl, *2* Shutterstock.com/MisterStock, *3* stock.adobe.com/guy, *4* Shutterstock.com/Tanya Sid, *5* stock.adobe.com/ALF photo, *6* Shutterstock.com/Ian 2010, *7* stock.adobe.com/margo555, *8* Shutterstock.com/MisterStock, *9* Shutterstock.com/Somchai Som, *10* Shutterstock.com/MaraZe, *11* stock.adobe.com/Gaetan Soupa, *12* stock.adobe.com/ronstik, *13* mauritius images/alamy stock photo/Anton Starikov, *14* Shutterstock.com/DenisMArt, *15* stock.adobe.com/eloleo, *16* Shutterstock.com/Nattika, *17* Shutterstock.com/Viktor1, *18* stock.adobe.com/Sergey Yarochkin, *19* stock.adobe.com/Baiba Opule/baibaz, *20* Shutterstock.com/bergamont, *21* Shutterstock.com/aperturesound, *22* Shutterstock.com/Artem Kutsenko; **S. 73** Shutterstock.com/Monkey Business Images; **S. 74** stock.adobe.com/Studio Laure; **S. 75** *ob.* stock.adobe.com/aterrom, *un.* stock.adobe.com/Pictures news; **S. 76** *Klara* Shutterstock.com/Cookie Studio, *Smileys* stock.adobe.com/elena_garder; **S. 77** Pico Bogue 7–Cadence infernale © DARGAUD 2014, by Dormal & Roques www.dargaud.com All rights reserved; **S. 78** Shutterstock.com/Vera Petrunina; **S. 79** Shutterstock.com/Kaesler Media; **S. 81** *Smiley* stock.adobe.com/elena_garder, *Block* Shutterstock.com/Alivepix; **S. 82** *ob. re.* Shutterstock.com/Peter Hermes Furian, *ob. li.* Shutterstock.com/Aimee Lee Studios, *un. re.* Shutterstock.com/Katy E, *un. li.* Shutterstock.com/Eric Valenne geostory, *Muschel* Shutterstock.com/Alemon cz, *Fische* Shutterstock.com/Francois Poirier; **S. 83** *Lucas* Shutterstock.com/Tracy Whiteside; **S. 86** *Wasser* Shutterstock.com/Firelia; **S. 91** Shutterstock.com/DisobeyArt; **S. 95** *Smileys* Shutterstock.com/Stocker_team; **U4** Shutterstock.com/Santiago Castillo Chomel;
S. 8, 9, 14, 27, 51, 58, 60, 73, 75, 78, 79, 82 *Klebstreifen*: Shutterstock.com/MicroOne; **S. 10, 17, 59, 65, 74, 75, 86** *Pins*: Shutterstock.com/Picsfive